생생 📍 네이티브의 말을 알아듣게 되는 일본어 대화의 순간

상황일본어회화

포켓북

기획편집부 편

JPLUS

 이 책은 일본에 여행가거나 혹은 일본에서 손님이 왔을 때 각 상황별로 쓰이는 가장 자연스러운 회화표현 1500여개를 대화식으로 정리한 회화집입니다. 보통의 회화책과 다른 점은 한글 발음과 일본어 발음을 같이 표기하여 일본어 한자 읽기에도 도움이 되도록 한 것과, 홈스테이, 연애표현, 비즈니스 등 일본과의 교류에서 일어날 수 있는 상황들을 최대한 고려하여 적절한 표현을 실은 점입니다.

 외국인과 대화를 할 때는 일방적으로 자신의 말만 하는 것이 아니라 알아듣는 것이 중요합니다. 이 책에서는 대화체로 구성하여 상대방은 어떤 말을 쓰는지도 싣도록 애썼습니다. 경어표현이나 가게 등에서 쓰는 표현은 어렵게 느껴질 수도 있겠지만, 발음을 참고하여 자주 쓰는 패턴을 익혀주시기 바랍니다.

편집부

차례

6

1
워밍업

꼭 알아야 할 인사표현을 중심으로
한마디씩 알아볼까요?

고맙습니다. / 감사합니다.

괜찮습니다.

그럼, 또 봐. (친구끼리)

그럼, 또 만나요.

만나서 반가워요.

미안합니다.

살펴 가세요.

실례하겠습니다. (들어가거나 나올 때)

안녕. (친구끼리 헤어질 때)

🎧 MP3 001

워밍업

ありがとうございます。
아리가토-고자이마스

大丈夫です。
다이죠-부데스

じゃあね。
자-네

では、また。
데와 마따

お会いできて うれしいです。
오아이데키떼 우레시-데스

すみません。／ ごめんなさい。
스미마셍 / 고멘나사이

お気を つけて。
오키오 쯔케떼

失礼します。
시쯔레-시마스

バイバイ。
바이바이

9

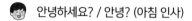
안녕하세요? / 안녕? (아침 인사)

안녕하세요? (낮 인사) *높임말과 반말이 따로 없다.

안녕하세요? (저녁 인사) *높임말과 반말이 따로 없다.

안녕히 가세요. / 안녕히 계세요.

안녕히 주무세요. / 잘 자.

어서 오세요. (집에 누군가 찾아왔을 때)

어서 오세요. (보통 가게에서)

오랜만이네요.

오랫동안 연락도 못드리고…. (격조했습니다.)

おはようございます。 / おはよう。
오하요-고자이마스 / 오하요-

こんにちは。
곤니치와

こんばんは。
곰방와

さようなら。
사요-나라

おやすみなさい。 / おやすみ。
오야스미나사이 / 오야스미

ようこそ。 / いらっしゃい。
요-코소 / 이랏샤이

いらっしゃいませ。
이랏샤이마세

お久しぶりですね。
ひさ
오히사시부리데스네

ごぶさたしております。
고부사타시떼오리마스

11

잘 먹겠습니다.

잘 먹었습니다.

잘 부탁합니다. (윗사람에게)

잘 부탁해요. (아랫사람에게)

잘 지내셨습니까?

잘 지내십니까?

죄송합니다.

처음 뵙겠습니다.

천만에요.

いただきます。
이타다키마스

ごちそうさまでした。
고치소-사마데시타

よろしく お願いします。
ねが
요로시쿠 오네가이시마스

よろしく。
요로시쿠

お元気でしたか?
げん き
오겡키데시타까

お元気ですか?
げん き
오겡키데스까

申し訳ありません。
もう わけ
모-시와케아리마셍

初めまして。
はじ
하지메마시떼

どういたしまして。
도-이따시마시떼

13

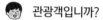 관광객입니까?

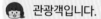 관광객입니다.

😊 괜찮아요. (거절할 때)

😊 괜찮아요? (허가를 구할 때)

😊 그건 좀…. (거절할 때)

😊 됐습니다. (거절할 때)

😊 못하겠는데요. (안되겠는데요.)

😊 아니오.

😊 어때요?

観光客ですか?
<small>かんこうきゃく</small>
캉코-캬쿠데스까

観光客です。
<small>かんこうきゃく</small>
캉코-캬쿠데스

大丈夫です。 / いいです。
<small>だいじょうぶ</small>
다이죠-부데스 / 이-데스

大丈夫ですか? / いいですか?
<small>だいじょうぶ</small>
다이죠-부데스까 / 이-데스까

それは ちょっと…
소레와 촛또…

結構です。
<small>けっこう</small>
켓꼬-데스

無理です。 / 出来そうに ありません。
<small>むり でき</small>
무리데스 / 데키소-니 아리마셍

いいえ。
이-에

どうですか?
도-데스까

15

의사표현 ❷

🙂 예.

🙂 오늘 갈 거예요.

🙂 이것 주세요. (물건을 살 때)

🙂 이걸로 할게요.

🙂 잠깐만요.

🙂 좋아요. 그렇게 해요.

🙂 할 수 없어요. (불가능)

🙂 할 수 있어요.

🙂 해 보고 싶습니다.

16

はい。
하이

今日 行く つもりです。
교- 이쿠 츠모리데스

これ ください。
고레 구다사이

これに します。
고레니 시마스

ちょっと 待って ください。
춋또 맛떼구다사이

いいですよ。 そうしましょう。
이-데스요   소-시마쇼

できません。
데키마셍

できます。
데키마스

やって みたいです。
얏떼 미따이데스

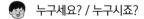
기본적인 질문

누구세요? / 누구시죠?

신주쿠는 어떻게 가면 되죠?

얼마예요?

여기가 어디예요?

여기가 역인가요?

왜요?

이건 뭐예요?

지금 몇 시예요?

화장실은 어디에 있어요?

18

どなたですか? / どちらさまですか?
도나타데스까 / 도치라사마데스까

新宿へは どう 行ったら いいですか?
신주쿠에와 도- 잇따라 이-데스까

いくらですか?
이쿠라데스까

ここは どこですか?
고꼬와 도꼬데스까

ここが 駅ですか?
고꼬가 에키데스까

どうしてですか? / なぜですか?
도-시떼데스까 / 나제데스까

これは 何ですか?
고레와 난데스까

今 何時ですか?
이마 난지데스까

トイレは どこに ありますか?
토이레와 도꼬니 아리마스까

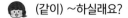# 응용 질문 ❶

😊 (같이) ~하실래요?

😮 길을 좀 가르쳐 주세요.

😊 누가요?

😮 누구 계세요? (남의 집을 방문했을 때)

😊 먼저 가도 됩니까?

😮 몇 개예요?

😊 몇 살이에요?

😮 시간 있어요? / 시간 있으세요?

😊 어느 쪽이죠?

(一緒に) ~しませんか? / ~されませんか?
(잇쇼니) ~시마셍까 / ~사레마셍까

道を 教えてください。
미치오 오시에떼구다사이

誰がですか?
다레가데스까

ごめんください。
고멘구다사이

お先に 失礼しても よろしいですか?
오사키니 시츠레-시떼모 요로시-데스까

何個ですか? / いくつですか?
난코데스까 / 이쿠츠데스까

おいくつですか?
오이쿠츠데스까

時間 ありますか? / お時間 ございますか?
지깡 아리마스까 / 오지깡 고자이마스까

どちらですか? / どっちですか?
도치라데스까 / 돗찌데스까

어디입니까?

언제요?

저기요. 말씀 좀 묻겠습니다.

전화는 어디에 있죠?

전화 좀 써도 될까요?

좀 물어봐도 될까요?

좀 보여 주세요.

죄송하지만, 약도를 좀 그려 주시겠어요?

죄송하지만, 같이 가 주실 수 있으세요?

どこですか?
도꼬데스까

いつですか?
이츠데스까

すみません、ちょっと おたずねします。
스미마셍 촛또 오타즈네시마스

すみません、電話は どこですか?
스미마셍 뎅와와 도꼬데스까

お電話 お借りしても よろしいですか?
오뎅와 오카리시떼모 요로시-데스까

お聞きしても よろしいですか?
오키키시떼모 요로시-데스까

ちょっと 見せてください。
촛또 미세떼구다사이

すみませんが、地図を 描いて 頂けますか?
스미마셍가 치즈오 카이떼 이타다께마스까

すみませんが、一緒に 行って 頂けますか?
스미마셍가 잇쇼니 잇떼 이타다께마스까

👧 거절하겠습니다.

👦 괜찮습니다. (거절)

👧 그건 좀 곤란한데요.

👦 그러세요.

👧 그만 하세요. (그 정도로 하세요.)

👦 그만 하시죠.

👧 됐습니다.

👦 상관없습니다.

👧 안 돼요.

MP3 009

워밍업

お断りいたします。
오코토와리 이타시마스

大丈夫です。
다이죠-부데스

それは ちょっと 困るんですが…。
소레와 촛또 코마룬데스가

そう してください。
소- 시떼구다사이

それ 位に してください。
소레 구라이니 시떼구다사이

それ 位で お止めください。
소레 구라이데 오야메구다사이

結構です。
켓코-데스

構いません。
카마이마셍

駄目です。
다메데스

25

알겠습니다.

저도 잘 몰라요.

좀 어렵겠습니다.

좋아요. 그렇게 해요.

지금 좀 바빠서요.

지금 손을 뗄 수가 없어요.

할 수 없네요.

할 수 없습니다. (불가능)

해 보겠습니다.

26

わかりました。
와카리마시타

私も よく 分かりません。
와타시모 요쿠 와카리마셍

ちょっと 難しいです。
춋또 무즈카시-데스

いいですよ。そうしましょう。
이-데스요　　　소-시마쇼-

今 ちょっと 忙しいです。
이마 춋또 이소가시-데스

今 ちょっと 手が 離せません。
이마 춋또 테가 하나세마셍

仕方ないですね。
시카타나이데스네

できません。
데키마셍

やってみます。
얏떼미마스

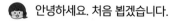
안녕하세요. 처음 뵙겠습니다.

저는 김 하니입니다.

몇 살이에요?

올해 24살입니다.

직업은 뭐예요?

저는 회사에 다니고 있어요.

대학생이에요.

몇 학년이에요?

2학년이에요.

MP3 011

워밍업

こんにちは。初めまして。
곤니치와　하지메마시떼

私は キムハニです。
와타시와 기무하니데스

おいくつですか?
오이쿠츠데스까

今年 24さいです。
고토시 니쥬-욘사이데스

ご職業は 何ですか?
고쇼쿠교-와 난데스까

私は 会社に 勤務しています。
와타시와 카이샤니 킨무시떼이마스

大学生です。
다이각세-데스

何年生ですか?
난넨세-데스까

2年生です。
니넨세-데스

29

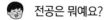

전공은 뭐예요?

전공은 심리학이에요.

일본어는 어디서 배웠어요?

일본어는 얼마나 공부하셨어요?

일본어는 학원에서 두 달 배웠어요.

일본에는 누구랑 오셨나요?

친구들과 같이 왔어요.

취미는 뭐예요?

취미는 수영이에요.

専攻は 何ですか?
せんこう　なん
센코-와 난데스까

専攻は 心理学です。
せんこう　しんりがく
센코-와 신리가쿠데스

日本語は どこで 習いましたか?
にほんご　なら
니홍고와 도꼬데 나라이마시타까

日本語は どのくらい 勉強されましたか?
にほんご　べんきょう
니홍고와 도노구라이 벤쿄-사레마시타까

日本語は 専門学校で 2ヶ月間しました。
にほんご　せんもんがっこう　にかげつかん
니홍고와 센몬각꼬-데 니카게츠칸시마시따

日本には 誰と 来られましたか?
にほん　だれ　こ
니혼니와 다레토 코라레마시타까

友達と 一緒に 来ました。
ともだち　いっしょ　き
토모다치또 잇쇼니 키마시따

趣味は 何ですか?
しゅみ　なん
슈미와 난데스까

趣味は 水泳です。
しゅみ　すいえい
슈미와 스이에-데스

31

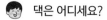

댁은 어디세요?

고향은 어디세요?

한국의 서울입니다.

가족이 몇 명이세요?

다섯 명입니다.

혈액형이 어떻게 되세요?

B형입니다.

무슨 띠세요?

쥐 띠입니다.

ご自宅は どちらですか?
고지타쿠와 도치라데스까

ご出身は どちらですか?
고슏신와 도치라데스까

韓国の ソウルです。
캉코쿠노 소우루데스

何人家族ですか?
난닌 가조쿠데스까

5人家族です。
고닌 가조쿠데스

血液型は 何型ですか?
케츠에키가타와 나니가타데스까

Ｂ型です。
비-가타데스

何年ですか?
나니도시데스까

ねずみ年です。
네즈미도시데스

띠(えと)에 대해

· 쥐(子)　　　　ねずみ

· 소(丑)　　　　うし

· 호랑이(寅)　　とら

· 토끼(卯)　　　うさぎ

· 용(辰)　　　　たつ

· 뱀(巳)　　　　へび

· 말(午)　　　　うま

· 양(未)　　　　ひつじ

· 원숭이(申)　　さる

· 닭(酉)　　　　とり

· 개(戌)　　　　いぬ

· 돼지(亥)　　　いのしし

*한국과 같지만, 돼지띠만 ぶた라 하지 않고 いのしし(멧돼지)라고 한다.

CHECK-IN

SECURITY GATE

2
공항에서

여행의 출발! 공항에 도착하셨나요?

탑승절차에 필요한 표현을 알아보아요.

어서 오세요.

여권과 항공권을 보여 주시겠습니까?

네.

자리는 어떤 자리를 원하십니까?

창가 쪽으로 해 주세요.

복도 쪽으로 해 주세요.

맡기실 짐을 여기에 올려 주세요.

짐은 이게 다예요?

네, 나머지는 들고 가겠습니다.

いらっしゃいませ。
이랏샤이마세

パスポートと 航空券 よろしいですか?
파스포-토또 코-쿠켄 요로시이데스까

はい。
하이

お席の ご希望等は ございますか?
오세키노 고키보-토와 고자이마스까

窓側の 席で お願いします。
마도가와노 세키데 오네가이시마스

通路側の 席で お願いします。
츠-로가와노 세키데 오네가이시마스

お預けに なられます お荷物を お上げください。
오아즈케니 나라레마스 오니모츠오 오아게구다사이

お荷物は 以上でしょうか?
오니모츠와 이죠-데쇼-까

はい、残りは 持って 行きます。
하이 노코리와 못떼 이키마스

📍 탑승절차 ❷

🙂 14시 40분발 동경 나리타행, JAL182편입니다.

🙂 수하물 표는 여기 있습니다.

🙂 감사합니다.

🙂 짐 무게가 5kg 오버하셨습니다.

🙂 어떻게 해야 해요?

🙂 추가요금을 부담하셔야 됩니다.

🙂 이 표를 창구에 제출하시면 됩니다.

🙂 가방을 좀 열어 보세요.

🙂 귀중품 같은 것은 없습니까?

MP3 015

14時40分発 東京成田行き、JAL 182便です。
쥬-요지 욘쥿뿐하츠 토-쿄-나리타유키 자루 햐꾸하치쥬-니빈데스

お荷物の ナンバーは ここに あります。
오니모츠노 남바-와 고꼬니 아리마스

ありがとうございました。
아리가토-고자이마시타

お荷物が 5kg オーバーされました。
오니모츠가 고키로 오-바-사레마시타

どうしたら いいんですか?
도-시타라 이인데스까

別途 追加料金を 負担されなければ いけません。
벳또 츠이카료-킨오 후탄사레나케레바 이케마셍

この チケットを 窓口に お出しください。
고노 치켓또오 마도구치니 오다시구다사이

かばんを ちょっと 開けてください。
가방오 촛또 아케떼구다사이

貴重品等は ございませんか?
키쵸-힝토-와 고자이마셍까

고향

39

공항에 관한 말

· 귀국항공권	帰国用航空券(きこくようこうくうけん)
· 난기류	乱気流(らんきりゅう)
· ~발	~発(はつ)
· 세관	税関(ぜいかん)
· 수하물 검사	手荷物検査(てにもつけんさ)
· 여권	パスポート
· 입국심사	入国審査(にゅうこくしんさ)
· 짙은 안개	濃霧(のうむ)
· 출국카드	出国(しゅっこく)カード
· 출발시간	出発時間(しゅっぱつじかん)
· 탑승게이트	搭乗(とうじょう)ゲート
· 탑승권	搭乗券(とうじょうけん)
· ~편 / ~행	~便(びん)/~行(いき)
· 1시간 연착	1時間延着(いちじかんえんちゃく)
· 항공권	航空券(こうくうけん)

3
기내에서

편안한 여행을 위한 한마디

기내에서 필요한 말은 어떤 것이 있을까요?

😀 도와 드릴까요?

😊 제 자리는 어디예요?

😛 좌석표 보여 주시겠습니까?

😀 안쪽 / 앞쪽 통로로 가시면 됩니다.

😊 이거 기내에 들고 들어가도 돼요?

😀 내용물이 뭔가요?

😊 김치예요. (도자기 / 인삼)

😀 포장은 충분히 하셨나요?

😊 네.

42

お手伝い いたしましょうか?
오테츠다이 이타시마쇼-까

私の 席は どこですか?
와타시노 세키와 도코데스까

座席票 よろしいですか?
자세키효- 요로시-데스까

奥 / 手前の 通路から 行かれてください。
오쿠 / 테마에노 츠-로카라 이카레떼구다사이

これを 機内に 持ち込んでも いいですか?
고레오 키나이니 모치콘데모 이-데스까

中身は 何でしょうか?
나카미와 난데쇼-까

キムチです。(陶器 / 人参)
기무치데스 (토-키 / 닌진)

*닌진은 '당근'이라는 뜻도 있다. 인삼은 高麗人参이라고도 부른다.

包装は 十分に されましたか?
호-소-와 쥬-분니 사레마시타까

はい。
하이

기
내

43

😗 비닐이 찢어지지 않도록 조심하세요.

😗 깨지지 않도록 조심하세요.

👩 좀 맡기면 안 될까요?

👩 가방 올리는 것 좀 도와주세요.

👩 여기는 제 자리인데요.

😗 여기요, 등받이를 좀 더 세워 주시겠어요?

👩 좀 지나가게 해 주세요.

👩 위에서 물 같은 게 떨어지는데요.

👩 김치 국물이 새어 나와요.

ビニールが 破れないよう ご注意ください。
비니-루가 야부레나이요- 고츄-이구다사이

割れない ように ご注意ください。
와레나이요-니 고츄-이구다사이

預かって いただけませんか?
아즈캇떼 이타다케마셍까

かばんを 上げるのを 手伝ってください。
카방오 아게루노오 테츠닷떼구다사이

ここは 私の 席なんですが…。
고꼬와 와타시노 세키난데스가

シートを 少し 起こして いただけますか?
시-토오 스코시 오코시떼 이타다케마스까

ちょっと 通してください。
촛또 토오시떼구다사이

上から 水みたいな ものが 落ちてくるのですが。
우에까라 미즈미따이나 모노가 오치떼쿠루노데스가

キムチの 汁が もれています。
기무치노 시루가 모레떼이마스

식사, 음료 ❶

식사 드시겠습니까?

부탁합니다.

뭘로 드릴까요?

치킨과 휘시가 있는데요.

치킨으로 주세요.

물만 주세요.

식사는 괜찮습니다.

치킨으로 바꿔 주시겠어요?

혹시 김치 있어요?

お食事は お召し上がりに なられますか?
오쇼쿠지와 오메시아가리니 나라레마스까

お願いします。
오네가이시마스

何に なさいますか?
나니니 나사이마스까

チキンと フィッシュが ございますが。
치킨또 휫슈가 고자이마스가

チキンを 下さい。
치킨오 구다사이

水だけ 下さい。
미즈다케 구다사이

食事は 結構です。
쇼쿠지와 켓코-데스

チキンに 換えて もらえますか?
치킨니 카에떼 모라에마스까

ひょっとして キムチ ありますか?
횻또시떼 김치 아리마스까

음료 드시겠습니까?

주세요. (부탁합니다.)

뭘로 하시겠습니까?

콜라, 맥주, 커피가 있는데요.

커피 주세요.

설탕과 밀크는요?

주세요.

설탕(밀크)만 주세요.

아뇨, 괜찮아요.

お飲み物は お召し上がりに なられますか?
오노미모노와 오메시아가리니 나라레마스까

お願いします。
오네가이시마스

何に なさいますか?
나니니 나사이마스까

コーラ、ビール、コーヒーが ございますが。
코-라 비-루 코-히-가 고자이마스가

コーヒー 下さい。
코-히- 구다사이

お砂糖と おミルクは?
오사토-토 오미루쿠와

下さい。
구다사이

砂糖(ミルク)だけ 下さい。
사토-(미루쿠)다케 구다사이

いいえ、大丈夫です。
이-에 다이죠-부데스

49

😊 치워 드릴까요?

😊 치워 드리겠습니다.

😊 네, 치워 주세요.

😊 나중에 치워 주시겠어요?

😊 여기요, 한 잔 더 주세요.

😊 이것 좀 치워 주시겠어요?

😊 (커피를 쏟았다) 저, 티슈 좀 주세요.

😊 커피를 쏟았어요.

😊 물수건 좀 주세요.

MP3 020

おひきいたしましょうか?
오히키이타시마쇼-까

おひきいたします。
오히키이타시마스

はい、お願いします。
하이 오네가이시마스

기
내

もう少し 後で お願いします。
모-스코시 아토데 오네가이시마스

すみません、もう一杯 下さい。
스미마셍 모-입빠이 구다사이

ひいて いただけますか?
히이떼 이타다케마스까

すみません、ティッシュ 下さい。
스미마셍 팃슈 구다사이

コーヒーを こぼしました。
코-히-오 코보시마시타

おしぼり 下さい。
오시보리 구다사이

51

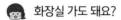 **기내 서비스**

화장실 가도 돼요?

네, 저쪽에 있습니다.

문이 안 열리는데요?

사용중이네요.

세게 눌러 보세요.

헤드폰 좀 갖다 주세요.

신문 있어요?

베개와 모포 좀 갖다 주세요.

아이들 장난감 있어요?

トイレに 行っても いいですか?
토이레니 잇떼모 이-데스까

はい、あちらで ございます。
하이 아치라데고자이마스

ドアが 開かないんですが…。
도아가 아카나인데스가

使用中ですね。
시요-쮸-데스네

強く 押してみて ください。
츠요쿠 오시떼미떼구다사이

ヘッドホンを 下さい。
헷도홍오 구다사이

*イヤホン 이어폰

新聞 ありますか?
신분 아리마스까

枕と 毛布を 下さい。
마쿠라토 모-후오 구다사이

子供の おもちゃ ありますか?
코도모노 오모챠 아리마스까

기내

53

어디 아프세요?

저기요, 약을 좀 주세요.

무슨 약을 드릴까요?

멀미약이요. (소화제 / 두통약)

구토용 봉투를 갖다 주시겠어요?

금방 갖다 드리겠습니다.

가지고 왔습니다. 괜찮으세요?

손님, 기내의를 불러 드릴까요?

좀 눕고 싶어요.

どうか なさいましたか?
도-카 나사이마시타까

すみません。薬を いただけますか?
스미마셍   쿠스리오 이타다케마스까

何の 薬を お持ちいたしましょうか?
난노 쿠스리오 오모치이타시마쇼-까

酔い止めを 下さい。(消化剤 / 頭痛薬)
요이도메오 구다사이 (쇼-카자이 / 즈츠-야쿠)

嘔吐用の 袋を 持って来ていただけますか?
오-토요-노 후쿠로오 못떼키떼이타다케마스까

すぐ お持ちいたします。
스구 오모치이타시마스

お待たせいたしました。大丈夫ですか?
오마타세이타시마시타   다이죠-부데스까

お客様、機上医を お呼びいたしましょうか?
오캬쿠사마 기죠-이오 오요비이타시마쇼-까

横に なりたいんですが。
요코니 나리타인데스가

55

😊 출입국카드 필요하신 분?

😊 두 장 주세요.

😊 죄송한데요, 작성법을 좀 가르쳐 주세요.

😊 잘못 썼는데요….

😊 새것을 갖다 드릴게요.

😊 여기에는 뭘 쓰는 거예요?

😊 로마자로 써도 돼요?

😊 저기요, 한 장 더 주세요.

😊 볼펜 좀 빌려 주세요.

出入国カードが 必要な 方?
슈츠뉴-코쿠 카-도가 히츠요-나 카타?

二枚 下さい。
니마이 구다사이

すみません、記入方法を 教えてください。
스미마셍 키뉴-호-호-오 오시에떼구다사이

記入ミスを したんですが…。
키뉴-미스오 시딴데스가

新しいのを お持ちいたします。
아타라시-노오 오모치이타시마스

ここには 何を 書くのですか?
고꼬니와 나니오 카쿠노데스까

ローマ字で 書いても いいですか?
로-마지데 카이떼모 이-데스까

すみません、もう一枚 下さい。
스미마셍 모-이치마이 구다사이

ボールペンを 貸してください。
보-루펜오 카시떼구다사이

57

면세품 지금 살 수 있어요?

면세품 카탈로그 좀 보여 주세요.

네. 잠시만요.

이거랑 이걸 주세요.

지불은 원이세요? 엔이세요?

원으로.

합해서 83,000원입니다.

죄송한데요, 봉투를 세 개 정도 주세요.

네, 갖다 드릴게요. 여기 영수증 있습니다.

免税品 今 買えますか?
멘제-힌 이마 카에마스까

免税品の カタログを 見せてください。
멘제-힌노 카타로그오 미세떼구다사이

少々 お待ちください。
쇼-쇼- 오마치구다사이

これと これを 下さい。
고레토 고레오 구다사이

お支払いは ウォンですか? 円ですか?
오시하라이와 원데스까 엔데스까

ウォンで。
원데

合計で 83,000ウォンに なります。
고-케-데 하치만 산젠원니 나리마스

すみません、袋を 三つほど 下さい。
스미마셍 후쿠로오 밋츠호도 구다사이

すぐ お持ちいたします。 こちらは 領収書です。
스구 오모치이타시마스   고치라와 료-슈-쇼데스

59

🙂 곧 이륙하겠습니다

🙂 (꼬마한테) 사탕줄까?

🙂 도와 드릴까요?

🙂 등받이를 세워 주세요.

🙂 안개 때문에 좀 흔들릴 겁니다.

🙂 위험하니까 일어서지 마세요.

🙂 (잠든 아이를 보고) 베개와 모포를 가져오겠습니다.

🙂 좌석 벨트를 매 주세요.

🙂 테이블을 접어 주세요.

🎧 MP3 025

まもなく 離陸いたします。
마모나쿠 리리쿠이타시마스

あめ あげようか?
아메 아게요-카

お手伝い いたしましょうか?
오테츠다이 이타시마쇼-까

シートを 起こしてください。
시-토오 오코시떼구다사이

霧の ために 少々 揺れると 思います。
키리노 타메니 쇼-쇼- 유레루또 오모이마스

危険ですので お立ちに ならないで ください。
키켄데스노데 오타치니 나라나이데 구다사이

毛布と 枕 お持ちいたします。
모-후또 마쿠라 오모치이타시마스

座席ベルトを お締めください。
자세키베루토오 오시메구다사이

テーブルを 元の 位置に おもどしください。
테-부루오 모토노 이치니 오모도시구다사이

기
내

기내에서 쓰는 말

· 구명조끼	救命(きゅうめい)ベスト
· 구토봉투	嘔吐用袋(おうとようぶくろ)
· 금연	禁煙(きんえん)
· 기내식	機内食(きないしょく)
· 기내영화	機内映画(きないえいが)
· 기내의	機上医(きじょうい)
· 기내잡지	機内雑誌(きないざっし)
· 기장	機長(きちょう)
· 등받침	シート
· 면세품	免税品(めんぜいひん)
· 모포	毛布(もうふ)
· 배개	枕(まくら)
· 비상구	非常口(ひじょうぐち)
· 비즈니스석	ビジネスクラス
· 승객	乗客(じょうきゃく)

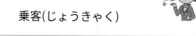

· 승무원	乗務員(じょうむいん)
· 시차	時差(じさ)
· 안전벨트	座席(ざせき)ベルト
· 이코노석	エコノミー
· 1등석	ファーストクラス
· 이륙	離陸(りりく)
· 좌석벨트착용	座席(ざせき)ベルト着用(ちゃくよう)
· 착륙	着陸(ちゃくりく)
· 창가쪽 좌석	窓側座席(まどがわざせき)
· 출입국신고서	出入国(しゅつにゅうこく)カード
· 통로쪽 좌석	通路側座席(つうろがわざせき)
· 현지시각	現地時刻(げんちじこく)
· 화장실	トイレ
· 화장실비었음	空(あ)き
· 화장실사용중	使用中(しようちゅう)

면세품

· 가방	かばん
· 담배	煙草(たばこ)
· 립스틱	口紅(くちべに)
· 명품	ブランド
· 벨트	ベルト
· 볼펜	ボールペン
· 술	お酒(さけ)
· 스카프	スカーフ
· 시계	時計(とけい)
· 액세서리	アクセサリー
· 열쇠고리	キーホルダー
· 영양크림	栄養(えいよう)クリーム
· 초콜릿	チョコレート
· 파운데이션	ファンデーション
· 향수	香水(こうすい)

4
입국

드디어 일본 공항 도착!
입국 절차를 따라가면 돼요.

외국인은 왼쪽으로 가서 줄을 서세요.

여권과 입국신고서를 보여 주세요.

여행목적은 무엇입니까?

관광입니다.

얼마나 체류합니까?

3일간입니다.

머무시는 곳은?

P호텔입니다.

여권 커버는 벗겨 주세요.

外国の 方は 左に 行かれて お並びください。
가이코쿠노 카타와 히다리니 이카레떼 오나라비구다사이

パスポートと 入国申告書を 提示してください。
파스포-토또 뉴-코쿠신코쿠쇼오 테-지시떼구다사이

旅行目的は 何ですか?
료코-모쿠테키와 난데스까

観光です。
캉코-데스

滞在期間の 予定は?
타이자이키칸노 요테-와

三日間です。
밋까칸데스

宿泊先は?
슈쿠하쿠사키와

Pホテルです。
피-호테루데스

パスポートの カバーは はずしてください。
파스포-토노 카바-와 하즈시떼구다사이

입국

67

😀 JAL 182편으로 한국에서 왔는데요,

😀 짐은 어디서 찾죠?

😎 3번으로 가세요.

😀 여기요, 계속 기다렸는데,

😀 제 가방이 아직 안 나왔어요.

😎 어디서 오셨어요?

😀 JAL 182편으로 한국에서 왔는데요.

😎 수하물 번호를 좀 보여 주세요.

😀 여기요.

JAL182便で 韓国から 来たのですが、
자루 햐꾸하치쥬-니빈데 캉코쿠카라 키타노데스가

荷物の 受け取りは どこで できますか?
니모츠노 우케토리와 도코데 데키마스까

3番に 行かれてください。
삼반니 이카레떼구다사이

すみません、ずっと 待っているのですが。
스미마셍 즛또 맛떼이루노데스가

私の かばんが 出て来ません。
와타시노 카방가 데떼키마셍

どちらから いらっしゃいましたか?
도치라카라 이랏샤이마시타까

JAL182便で 韓国から 来ました。
자루 햐꾸하치쥬-니빈데 캉코쿠카라 키마시타

お荷物の ナンバーを よろしいですか?
오니모츠노 남바-오 요로시이데스까

これです。
고레데스

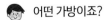

📍 수하물 찾기 ❷

😊 어떤 가방이죠?

😊 파란색 보통 여행가방입니다.

😊 일단 알아보겠습니다.

😊 짐을 찾으면 어디로 연락 드릴까요?

😊 이쪽으로 연락주세요.

😊 찾으면 호텔로 전화 주세요.

😊 로비에서 기다리겠습니다.

😊 알겠습니다.

😊 부탁드리겠습니다.

MP3 028

どんな かばんですか?

돈나 카방데스까

青色の 普通の 旅行かばんです。

아오이로노 후츠-노 료코-카방데스

とりあえず 問い合わせてみます。

토리아에즈 토이아와세테미마스

荷物が 見つかったら、どちらに ご連絡 差し上げましょうか?

니모츠가 미츠캇따라 도치라니 고렌라쿠 사시아게마쇼-까

ここに 連絡してください。

코코니 렌라쿠시떼구다사이

見つかったら ホテルに 連絡してください。

미츠캇따라 호테루니 렌라쿠시떼구다사이

ロビーで 待ちます。

로비-데 마치마스

わかりました。

와카리마시타

よろしく お願いいたします。

요로시쿠 오네가이이타시마스

입국

71

여권을 보여 주세요.

어디서 오셨어요?

한국요.

혼자서 오셨어요?

아뇨, 단체로 왔는데요.

네, 혼잔데요.

입국 목적은 뭐예요?

관광입니다.

신고하실 것 있습니까?

パスポート よろしいですか?
파스포-토 요로시이데스까

どちらから いらっしゃいましたか?
도치라카라 이랏샤이마시타까

<ruby>韓国<rt>かんこく</rt></ruby>です。
캉코쿠데스

お<ruby>一人<rt>ひとり</rt></ruby>ですか?
오히토리데스까

いいえ、<ruby>団体<rt>だんたい</rt></ruby>で <ruby>来<rt>き</rt></ruby>ました。
이-에 단타이데 기마시타

はい、<ruby>一人<rt>ひとり</rt></ruby>です。
하이 히토리데스

<ruby>入国目的<rt>にゅうこくもくてき</rt></ruby>は <ruby>何<rt>なん</rt></ruby>ですか?
뉴-코쿠모쿠테키와 난데스까

<ruby>観光<rt>かんこう</rt></ruby>です。
캉코-데스

<ruby>何<rt>なに</rt></ruby>か <ruby>申告<rt>しんこく</rt></ruby>される <ruby>物<rt>もの</rt></ruby> ございますか?
나니카 신코쿠사레루 모노 고자이마스까

입국

73

(있는 경우)

😊 (신고서를 보여 주면서) 네, 여기 있습니다.

🧑 좀 보여 주시겠어요?

🧑 가방을 열어 주세요.

🧑 신고할 물건의 수량과 값을 써 주세요.

🧑 여기에는 서명을 해 주세요.

🧑 다른 것은 없으십니까?

😊 네.

🧑 됐습니다.

(ある 場合)
아루 바아이

はい、あります。
하이 아리마스

見せて もらって よろしいですか?
미세떼 모랏떼 요로시이데스까

かばんを 開けてください。
카방오 아케떼구다사이

申告物の 数量と 価格を 記入してください。
신코쿠부츠노 스-료-또 카카꾸오 키뉴-시떼구다사이

ここには、署名を してください。
고꼬니와 쇼메-오 시떼구다사이

他には ございませんか?
호카니와 고자이마셍까

はい。
하이

結構ですよ。
켓코-데스요

75

(없는 경우)

😊 없습니다.

😊 가방을 좀 열어 주세요.

😊 이건 뭐예요?

😊 인형인데요. (라이터 / 카메라 / 음식)

😊 제가 복용하는 약입니다.

😊 저쪽에 짐을 올려 주세요.

😊 네, 됐습니다.

😊 출구는 저쪽입니다.

(ない 場合)
나이 바아이

ありません。
아리마셍

かばんを 開けてください。
카방오 아케떼구다사이

これは 何ですか?
고레와 난데스까

人形です。(ライター / カメラ / 食品)
닝교-데스 (라이타- / 카메라 / 쇼쿠힌)

私が 服用している 薬です。
와타시가 후쿠요-시떼이루 쿠스리데스

あちらで 荷物を 通されてください。
아치라데 니모츠오 토-사레떼구다사이

結構ですよ。
켓코-데스요

出口は あちらに なります。
데구치와 아치라니 나리마스

관광안내소는 어디에 있습니까?

거기서 오른쪽으로 가시면 바로 보입니다.

엘리베이터 타시고, 밑으로 가시면 있습니다.

여기서 왼쪽으로 가시면 됩니다.

여기서 쭉 내려가시면 있습니다.

위로 올라가시면 있습니다.

1층에 있습니다.

잘 모르겠는데요.

지하로 내려가야 합니다.

MP3 032

観光案内所は どこですか?

かんこうあんないじょ

캉코-안나이죠와 도코데스까

そこから 右に 曲がられたら すぐ 見えます。

みぎ　ま　　　　　　　　み

소코카라 미기니 마가라레타라 스구 미에마스

エレベーターで 下に 降りられてください。

した　お

에레베-타-데 시타니 오리라레떼구다사이

ここから 左に 行かれたら いいですよ。

ひだり　い

고꼬카라 히다리니 이카레타라 이-데스요

ここから まっすぐ 行かれたら ありますよ。

い

고꼬카라 맛스구 이카레타라 아리마스요

上に のぼられたら ありますよ。

うえ

우에니 노보라레타라 아리마스요

1階に あります。

かい

익까이니 아리마스

すみません、わかりません。

스미마셍 와카리마셍

地下に 降りなければ なりません。

ちか　お

치카니 오리나케레바 나리마셍

입국

79

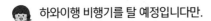

하와이행 비행기를 탈 예정입니다만.

환승은 어디로 가면 되죠?

이 통로로 곧장 가시면 됩니다.

예정대로 출발하나요?

날씨가 안 좋아서 늦어질 가능성이 있습니다.

공항내 방송을 기다려 주세요.

탑승구 앞에 있는 소파에 앉아서 기다리세요.

그 비행기는 짙은 안개 때문에 결항됐습니다.

예정보다 1시간 연착이랍니다.

ハワイ行きの 飛行機に 乗る 予定なんですが。
하와이유키노 히코-키니 노루 요테-난데스가

乗り継ぎは どこに 行けば いいのですか?
노리츠기와 도꼬니 이케바 이-노데스까

この 通路を まっすぐ 行かれてください。
고노 츠-로오 맛스구 이카레떼구다사이

予定 通り 出発しますか?
요테- 도오리 슛빠츠시마스까

天候不良のため、遅れる 可能性が あります。
텐코-후료-노 타메 오쿠레루 카노-세-가 아리마스

空港内の 放送を お待ちください。
쿠-코-나이노 호-소-오 오마치구다사이

搭乗口前に ある ソファーで お待ちください。
토-죠-구치마에니 아루 소화-데 오마치구다사이

その 飛行機は 濃霧のために 欠航です。
소노 히코-키와 노-무노타메니 켓꼬-데스

予定より 一時間 延着だそうです。
요테-요리 이치지칸 엔챠쿠다소-데스

공항에서 필요한 말

· 관광	観光(かんこう)
· 귀국	帰国(きこく)
· 귀국예정일	帰国予定日(きこくよていび)
· 단체	団体(だんたい)
· 렌트카	レンタカー
· 로비	ロビー
· 보험	保険(ほけん)
· 세관	税関(ぜいかん)
· 입구	入口(いりぐち)
· 출구	出口(でぐち)
· 택배	宅配(たくはい)
· 여행목적	旅行目的(りょこうもくてき)
· 연수	研修(けんしゅう)
· 체류기간	滞在期間(たいざいきかん)
· 출장	出張(しゅっちょう)

5
교통

내가 가야 할 곳을 확인하고 안전하게 도착하려면

꼭 필요한 표현들이 있어요!

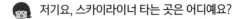
📍 스카이라이너 표 사기

😊 저기요, 스카이라이너 타는 곳은 어디예요?

😊 엘리베이터 타시고, 지하로 가시면 있습니다.

😊 신주쿠까지 어른 두 장 어린이 한 장 주세요.

😊 얼마예요?

😊 1,750엔입니다.

😊 몇 시 출발이에요?

😊 2시 45분요.

😊 신주쿠까지 얼마나 걸려요?

😊 1시간 30분 정도 걸릴 거예요.

MP3 034

すみません。 スカイライナーの 乗り場は どこですか?
스미마셍   스카이라이나-노 노리바와 도꼬데스까

エレベーターで 地下に 降りられたら あります。
에레베-타-데 치카니 오리라레타라 아리마스

新宿まで 大人 2枚と 子供 1枚 下さい。
신주쿠마데 오토나 니마이또 코도모 이치마이 구다사이

いくらですか?
이쿠라데스까

1,750円です。
센나나햐꾸고쥬-엔데스

教通

何時 出発ですか?
난지 슛빠츠데스까

2時 45分です。
니지 욘쥬-고훈데스

新宿まで どのくらい かかりますか?
신주쿠마데 도노구라이 카카리마스까

約 1時間半 くらいです。
야쿠 이치지칸한 구라이데스

85

⊙ 자동발권기에서

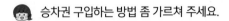

🧒 승차권 구입하는 방법 좀 가르쳐 주세요.

👦 어디까지 가시려구요?

🧒 신주쿠요.

👦 몇 장 사시게요?

🧒 어른 두 장, 어린이 한 장요.

👦 1,750엔입니다.

👦 여기에 돈을 넣고, 목적지와 매수를 누르면 돼요.

👦 거스름돈을 잊지 않도록 하세요.

🧒 고맙습니다.

MP3 035

乗車券 購入の 仕方を 教えてください。
죠-샤켄 코-뉴-노 시카타오 오시에떼구다사이

どちらまで 行かれますか?
도치라마데 이카레마스까

新宿です。
신주쿠데스

何枚ですか?
난마이데스까

大人 2枚と 子供 1枚です。
오토나 니마이또 코도모 이치마이데스

1,750円ですね。
센나나햐꾸고쥬-엔데스네

ここにお金を 入れて、行き先と 枚数を 押せば いいですよ。
고꼬니 오카네오 이레떼 이키사키토 마이스-오 오세바 이-데스요

おつりを 取り忘れない ように してください。
오츠리오 토리와스레나이 요-니 시떼구다사이

ありがとうございました。
아리가토-고자이마시따

교통

87

ⓠ 표 구입에 필요한 말

갈아타는 데가 어디예요?

금연석 / 흡연석으로 주세요.

돈이 안 들어가요.

몇 번 홈인가요?

왕복으로 주세요.

우에노까지는 얼마예요?

지정석 / 자유석으로 주세요.

편도로 주세요.

표가 안 나와요.

MP3 036

乗り換える 所は どこですか?
노리카에루 도코로와 도꼬데스까

禁煙席 / 喫煙席で お願いします。
킨엔세키 / 키츠엔세키데 오네가이시마스

お金が 入りません。
오카네가 하이리마셍

何番 ホームですか?
난반 호-무데스까

往復券を 下さい。
오-후쿠켄오 구다사이

교통

上野までは いくらですか?
우에노마데와 이쿠라데스까

指定席 / 自由席で お願いします。
시테-세키 / 지유-세키데 오네가이시마스

片道を 下さい。
카타미치오 구다사이

切符が 出て来ません。
킷뿌가 데떼키마셍

89

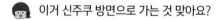

🧑 이거 신주쿠 방면으로 가는 것 맞아요?

🧑 신주쿠 가려면 이쪽에서 타면 되나요?

🧑 네, 가요.

🧑 아뇨, 반대쪽에서 타세요.

🧑 신주쿠까지 직행인가요?

🧑 아뇨. 우에노역에서 신주쿠행으로 갈아타세요.

🧑 한 번 갈아타야 해요.

🧑 거꾸로 탔어요.

🧑 표를 잃어버렸어요.

MP3 037

これは 新宿方面に 行きますよね?
しんじゅくほうめん   い
고레와 신주쿠호-멘니 이키마스요네

新宿に 行くには、ここで 乗れば いいのですか?
しんじゅく   い   の
신주쿠니 이쿠니와 고꼬데 노레바 이-노데스까

ええ、行きますよ。
い
에- 이키마스요

いいえ、反対側で 乗ってください。
はんたいがわ   の
이-에 한타이가와데 놋떼구다사이

新宿まで 直行で 行きますか?
しんじゅく   ちょっこう い
신주쿠마데 촛꼬-데 이키마스까

いいえ、上野駅で 新宿行きに 乗り換えてください。
うえ の えき   しんじゅくい   の か
이-에 우에노에끼데 신주쿠이키니 노리카에떼구다사이

一度 乗り換えなければ いけません。
いちど の か
이치도 노리카에나케레바 이케마셍

反対に 乗りました。
はんたい   の
한따이니 노리마시타

切符を なくしました。
きっぷ
킵뿌오 나쿠시마시타

교
통

91

😊 게이오플라자 호텔까지 갑니까?

👮 네, 갑니다.

😊 요금은 얼마예요?

👮 1,750엔입니다.

😊 도착하면 좀 알려 주세요.

👮 네.

😊 몇 분 정도 걸려요?

😊 요금은 선불이에요? 착불이에요?

👮 착불이에요.

🎧 MP3 038

けいおう
京王プラザホテルまで 行きますか?
케이오-프라자호테루마데 이키마스까

い
はい、行きますよ。
하이 이키마스요

りょうきん
料金は いくらですか?
료-킹와 이쿠라데스까

えん
1,750円です。
센나나햐꾸고쥬-엔데스

つ　　　おし
着いたら 教えて いただけますか?
츠이타라 오시에떼 이타다케마스까

はい。
하이

なんぷん
何分 くらい かかりますか?
난푼 구라이 카카리마스까

りょうきん　　さきばら　　　　　あとばら
料金は 先払いですか? 後払いですか?
료-킹와 사키바라이데스까 아토바라이데스까

あとばら
後払いです。
아토바라이데스

교통

93

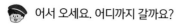
어서 오세요. 어디까지 갈까요?

동경역까지 가 주세요.

약도가 있는데, 여기까지 가 주세요.

저기서 세워 주세요.

얼마예요?

1,300엔입니다.

영수증 주세요.

아무것도 쓰지 말고 그냥 주세요.

거스름돈은 괜찮습니다. (그냥 받으세요.)

🎧 MP3 039

いらっしゃいませ。どちらまで?
이랏샤이마세   도치라마데

東京駅まで お願いします。
토-쿄-에끼마데 오네가이시마스

地図の 所まで 行ってください。
치즈노 도코로마데 잇떼구다사이

そこで 止めてください。
소코데 토메떼구다사이

いくらですか?
이쿠라데스까

교통

1,300円です。
센산뱌꾸엔데스

領収書 下さい。
료-슈-쇼 구다사이

何も 書かずに そのまま 下さい。
나니모 카카즈니 소노마마 구다사이

おつりは 結構です。
오츠리와 켓코-데스

95

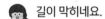

🧑 길이 막히네요.

🧑 안전운전을 해 주세요.

🧑 죄송하지만, 좀 서둘러 주세요.

🧑 트렁크 좀 열어 주세요.

🧑 이 돈으로 갈 수 있는 데까지 가 주세요.

🧑 가장 가까운 역까지만 가 주세요.

🧑 카드도 되나요?

👮 네, 됩니다.

👮 아뇨, 카드는 안 됩니다.

MP3 040

道 込んでますね。
미치 콘데마스네

安全運転で お願いします。
안젠운텐데 오네가이시마스

申し訳ありませんが、少し 急いでください。
모-시와케아리마셍가 스코시 이소이데 구다사이

トランクを 開けてください。
토랑쿠오 아케떼구다사이

この お金で 行ける 所まで 行ってください。
고노 오카네데 이케루 토코로마데 잇떼구다사이

いちばん 近い 駅に 行ってください。
이치방 치까이 에끼니 잇떼구다사이

カード 使えますか?
카-도 츠카에마스까

はい、使えますよ。
하이 츠카에마스요

いいえ、カードは 使えません。
이-에 카-도와 츠카에마셍

교통

97

자동차를 빌리고 싶은데요.

국제운전면허증이 있습니까?

네, 여기 있습니다.

복사를 해야 하니까 잠깐만 주세요.

어떤 차종을 원하세요?

소형차 / 중형차가 좋은데요.

하루에 얼마죠?

소형차일 경우에는 하루에 8,000엔입니다.

이 차는 오토예요?

自動車を レンタルしたいんですが。
지도-샤오 렌타루시타인데스가

国際 免許証は お持ちですか?
코쿠사이 멘쿄쇼-와 오모치데스까

はい、ここに あります。
하이 고꼬니 아리마스

コピーを とるので、お預かりいたします。
코피-오 토루노데 오아즈카리이타시마스

お望みの 車種は ございますか?
오노조미노 샤슈와 고자이마스까

小型車 / 中型車が いいんですが。
코가타샤 / 츄-가따샤가 이인데스가

一日 いくらですか?
이치니치 이쿠라데스까

小型車は 一日 八千円です。
코가타샤와 이치니치 핫센엔데스

この 車は、オートマ(automatic)ですか?
고노 쿠루마와 오-토마데스까

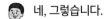

😃 네, 그렇습니다.

👩 그럼, 이걸로 할게요.

😃 며칠 동안 이용하시겠어요?

👩 2일 동안요.

😃 보험에는 들겠습니까? 하루에 3,000엔입니다만.

👩 그럼 보험도 들어 주세요.

😃 차는 5시까지 주차장으로 갖다 주세요.

😃 차 가져오실 때 기름을 가득 채워서 돌려 주세요.

👩 알겠습니다. 고맙습니다.

はい、そうです。
하이 소-데스

では、これに します。
데와 고레니 시마스

何日間 ご利用されますか?
난니치칸 고리요-사레마스까

2日間です。
후츠카칸데스

保険は 入られますか? 一日 三千円ですが。
호켄와 하이라레마스까 이치니치 산젠엔데스가

では、保険も お願いします。
데와 호켄모 오네가이시마스

車は 5時までに 駐車場に 入れてください。
쿠루마와 고지마데니 츄-샤죠-니 이레떼구다사이

車をお持ちになる時は、ガソリンを満タンにしてお戻しください。
쿠루마오 오모치니 나루 도끼와 가소린오 만탕니 시떼 오모도시구다사이

わかりました。ありがとうございました。
와카리마시타 아리가토-고자이마시타

어서 오세요.

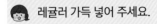 레귤러 가득 넣어 주세요.

3,000엔어치 넣어 주세요.

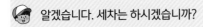 알겠습니다. 세차는 하시겠습니까?

네, 세차도 해 주세요.

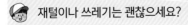 재털이나 쓰레기는 괜찮으세요?

이것 좀 버려 주세요.

 합해서 3,000엔 나왔습니다.

현금이세요?

🎧 MP3 043

いらっしゃいませ。
이랏샤이마세

レギュラー 満タン お願いします。
레규라- 만탄 오네가이시마스

3,000円分 入れてください。
산젠엔분 이레떼구다사이

かしこまりました。洗車は よろしいですか?
카시코마리마시타 　　　　센샤와 요로시-데스까

교통

はい、洗車も お願いします。
하이 센샤모 오네가이시마스

灰皿や 車内の ゴミなどは 大丈夫ですか?
하이자라야 샤나이노 고미나도와 다이죠-부데스까

これを 捨ててください。
코레오 스테떼구다사이

合計で 3,000円です。
고-케-데 산젠엔데스

現金ですか?
겐킹데스까

네.

정확하네요. 감사합니다.

고쳐 주세요.

벽에 부딪쳤는데요.

브레이크가 고장났어요.

시동이 안 걸려요.

타이어가 펑크났어요.

깜빡이가 고장났어요.

키를 꽂아둔 채 나와버렸어요.

はい。
하이

ちょうどですね。ありがとうございました。
쵸-도데스네　아리가토-고자이마시타

修理してください。
しゅう り
슈-리시떼구다사이

壁に ぶつけたんですが。
かべ
카베니 부츠케딴데스가

ブレーキが 故障しました。
こ しょう
부레-키가 코쇼-시마시타

エンジンが かかりません。
엔진가 카카리마셍

タイヤが パンクしました。
타이야가 팡쿠시마시타

ウィンカーが 故障しました。
こ しょう
윙카-가 코쇼-시마시타

鍵を さしたまま 出てしまいました。
かぎ　　　　　　　　で
카기오 사시따마마 데떼시마이마시타

교통

105

여러가지 탈 것

· 공항버스	空港(くうこう)バス
· 관광버스	観光(かんこう)バス
· 나리타익스프레스	成田(なりた)エクスプレス
· 리무진버스	リムジンバス
· 배	船(ふね)
· 버스	バス
· 셔틀버스	シャトルバス
· 시내버스	市内(しない)バス
· 신간선	新幹線(しんかんせん)
· 자동차	自動車(じどうしゃ)
· 자전거	自転車(じてんしゃ)
· 전철	電車(でんしゃ)
· 지하철	地下鉄(ちかてつ)
· 택시	タクシー
· 호텔셔틀버스	ホテルシャトルバス

6
호텔

편안한 호텔서비스를 누리며
여행의 즐거움을 맛보아요.

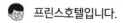

😊 프린스호텔입니다.

😊 예약을 하고 싶은데요.

😊 네, 언제로 잡아 드릴까요?

😊 다음주 토요일부터 이틀동안요.

😊 26일부터시죠?

😊 몇 분이신가요?

😊 네 명이에요.

😊 어떤 방을 원하십니까?

😊 트윈으로 2개요.

MP3 045

プリンスホテルです。
프린스호테루데스

予約を したいんですが。
요야쿠오 시타인데스가

はい、いつを おとりしましょうか?
하이 이츠오 오토리시마쇼-까

来週 土曜日から 2日間です。
라이슈-도요-비까라 후츠카칸데스

26日からですね。
니쥬-로쿠니치까라데스네

何名様ですか?
난메-사마데스까

4人です。
요닌데스

お部屋の ご希望は?
오헤야노 고키보-와

ツインで 2部屋 お願いします。
츠인데 후타헤야 오네가이시마스

호텔

🧑 싱글(더블)로 해 주세요.

🧑 성함이 어떻게 되세요?

🧑 김 하니입니다. 스펠은 kim ha ni 입니다.

🧑 전화번호는요?

🧑 011-332-8320이에요.

🧑 1박에 얼마죠?

🧑 조식포함 15,000엔입니다.

🧑 세금도 포함되어 있습니다.

🧑 네, 알겠습니다. 감사합니다.

シングル(ダブル)で お願いします。
신구루(다부루)데 오네가이시마스

お名前の 方 よろしいですか?
오나마에노 호- 요로시-데스까

キムハニです。スペルは kim ha niです。
기무하니데스 스페루와 케이 아이 에무 에이치 에이 에누 아이데스

お電話番号は?
오뎅와방고-와

011-332-8320です。
제로이치이치 노 산산니 노 하치산니제로데스

1泊 おいくらですか?
입빠쿠 오이쿠라데스까

朝食付きで 15,000円です。
쵸-쇼쿠츠키데 이치만고센엔데스

税も 含まれています。/ 税込みです。
제-모 후쿠마레떼이마스 / 제-코미데스

わかりました。ありがとうございました。
와카리마시타　　　아리가토-고자이마시타

111

가격을 알고 싶은데요.

넉넉한 방 있어요?

5명인데요, 적당한 방 있어요?

방 크기가 얼마 만해요?

어떤 방이 있어요?

어떤 혜택을 받을 수 있어요?

여기서 해외로 짐을 보낼 수 있나요?

체크인은 몇 시부터예요?

체크아웃은 몇 시까지예요?

料金を お尋ねしても よろしいですか?
료-킹오 오타즈네시테모 요로시이데스까

ゆったりとした 部屋は ありますか?
윳따리토시타 헤야와 아리마스까

5人に 適した 部屋は ありますか?
고닌니 테키시타 헤야와 아리마스까

部屋の 広さは どのくらいですか?
헤야노 히로사와 도노구라이데스까

どんな 部屋が ありますか?
돈나 헤야가 아리마스까

どんな サービスが ついて いますか?
돈나 사-비스가 츠이테 이마스까

海外に 荷物を 送る 事は できますか?
카이가이니 니모츠오 오쿠루 고토가 데키마스까

チェックインは 何時からですか?
쳇꾸인와 난지까라데스까

チェックアウトは 何時までですか?
쳇꾸아우토와 난지마데데스까

113

😊 예약을 한 김하니인데요.

🙂 잠시만 기다려 주십시오.

🙂 김하니님이시죠? 기다리고 있었습니다.

🙂 여기에 성함과 여권번호를 적어 주시겠어요?

😊 지불은 어떻게 하죠?

🙂 지불은 체크아웃 할 때 하시면 됩니다.

🙂 손님의 방은 409호입니다.

😊 고맙습니다.

🙂 편안한 시간 되십시오.

🎧 MP3 048

予約した キムハニですが。
요야쿠시타 기무하니데스가

少々 お待ちください。
쇼-쇼- 오마치구다사이

キムハニ様ですね。 お待ちしておりました。
기무하니사마데스네　　　　오마치시테오리마시타

こちらへ ご氏名と パスポート番号を よろしいですか?
고치라에 고시메-또 파스포-토방고-오 요로시이데스까

支払いは どうしたら いいのですか?
시하라이와 도-시타라 이-노데스까

お支払いは チェックアウトされる時で 結構です。
오시하라이와 쳇꾸아우토사레루토키데 켓코-데스

호텔

お客様の お部屋は 409号でございます。
오캬쿠사마노 오헤야와 욘햐꾸큐-고-데고자이마스

ありがとうございます。
아리가토-고자이마스

ごゆっくり どうぞ。
고육꾸리 도-조

115

◎ 체크인(예약을 안 했을 경우)

😊 예약을 안 했는데, 방 있어요?

🧑 몇 분이십니까?

😊 두 명이구요. 트윈으로 하나요.

🧑 죄송합니다. 만실입니다.

🧑 싱글이라면 두 개 비어 있는데요.

😊 싱글요? 그럼 그걸로 해 주세요.

😊 근처 다른 호텔을 소개해 주실 수 있나요?

😊 여기서 걸어서 갈 수 있나요?

🧑 택시를 타시면 금방입니다.

116

予約していないんですが、部屋は ありますか?
요야쿠시테이나인데스가 헤야와 아리마스까

何名様ですか?
난메이사마데스까

2人です。ツインを 1部屋 お願いします。
후따리데스 츠인오 히토헤야 오네가이시마스

申し訳ありません。満室です。
모-시와케아리마셍 만시츠데스

シングルなら 二部屋 ご用意できますけど。
신구루나라 후타헤야 고요-이데키마스케도

シングルですか? では、それで お願いします。
신구루데스까 데와 소레데 오네가이시마스

近くに ある 他の ホテルを 紹介して 頂けますか?
치카쿠니 아루 호까노 호테루오 쇼-카이시떼 이따다케마스까

ここから 歩いて 行けますか?
고꼬까라 아루이떼 이케마스까

タクシーに 乗られたら すぐです。
탁시-니 노라레따라 스구데스

호텔

117

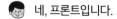 네, 프론트입니다.

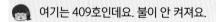 여기는 409호인데요. 불이 안 켜져요.

방 키는 꽂으셨어요?

네?

방 키를 꽂으시면 전원이 들어옵니다.

 그래요? 알겠습니다.

아, 이제 되네요.

문제 있으면 또 연락 주십시오.

고맙습니다.

はい、フロントです。
하이 후론토데스

409号ですが、電気が つきません。
욘햐꾸큐-고-데스가 덴키가 츠키마셍

部屋のかぎは さし込まれましたか?
헤야노카기와 사시코마레마시타까

はい?
하이

部屋のかぎを さし込まれたら、電源が 入ります。
헤야노카기오 사시코마레타라 덴겐가 하이리마스

そうですか、わかりました。
소-데스까 와카리마시타

あ、できました。
아 데키마시타

何か ありましたら また ご連絡ください。
나니카 아리마시타라 마타 고렌라쿠 구다사이

ありがとうございます。
아리가토-고자이마스

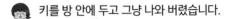

◎ 문제가 생겼을 때 ❷

🙂 키를 방 안에 두고 그냥 나와 버렸습니다.

🙂 방 번호가 어떻게 되시죠?

🙂 409호예요. 문제가 생겼어요.

🙂 담당자를 좀 보내 주세요.

🙂 방을 좀 바꿔 주세요.

🙂 수건이 더 필요해요.

🙂 에어컨이 안 되는데요.

🙂 옆방이 너무 시끄러워요.

🙂 너무 추워요. / 너무 더워요.

かぎを 部屋の中に 置いたまま 出て来てしまいました。
카기오 헤야노나카니 오이타마마 데테키테시마이마시타

何号室でしょうか。
난고-시츠데쇼-까

409号室です。問題が 生じました。
욘햐꾸큐-고-시츠데스 몬다이가 쇼-지마시타

担当の 方を 部屋まで お願いします。
탄토-노 카타오 헤야마데 오네가이시마스

部屋を 替えて いただけますか?
헤야오 카에떼 이타다케마스까

タオルが もっと 必要です。
타오루가 못또 히츠요-데스

エアコンが きかないんですが。
에아콘가 키카나인데스가

隣の 部屋が とても うるさいです。
토나리노 헤야가 토테모 우루사이데스

とても 寒いです。/ とても 暑いです。
토테모 사무이데스 / 토테모 아츠이데스

121

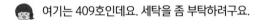

여기는 409호인데요. 세탁을 좀 부탁하려구요.

담당자를 보내드릴테니 잠시만 기다리세요.

프론트에서 왔습니다.

이 옷을 세탁해 주세요.

내일 몇 시에 되나요?

오전중에는 갖다 드리겠습니다.

저, 다림질도 해 주시죠?

그럼요.

부탁드릴게요. (잘 해 주세요.)

🎧 MP3 052

409号ですが、洗濯を お願いしたいのですが。
은하꾸규-고-데스가 센타쿠오 오네가이시타이노데스가

担当の者を 送りますので 少々 お待ちください。
탄토-노모노오 오쿠리마스노데 쇼-쇼-오마치구다사이

フロントから 来ました。
후론토카라 키마시타

この 服を 洗濯してください。
고노 후쿠오 센타쿠시떼구다사이

明日 何時に 出来あがりますか?
아시타 난지니 데키아가리마스까

午前中には お持ちいたします。
고젠츄-니와 오모치이타시마스

アイロンも かけていただけますよね?
아이론모 카케떼 이타다케마스요네

はい、もちろんです。
하이 모치론데스

よろしく お願いします。
요로시쿠 오네가이시마스

몇 분이십니까?

두 명입니다.

이쪽으로 오세요.

담배는 피워도 되나요?

죄송합니다. 여기는 금연입니다.

여기요. 자리를 좀 옮기고 싶은데요.

저기에 앉아도 돼요?

네, 괜찮습니다.

죄송합니다. 저기는 예약석입니다.

MP3 053

何名様ですか?
<ruby>何名様<rt>なんめいさま</rt></ruby>ですか?

난메-사마데스까

二人です。
<ruby>二人<rt>ふたり</rt></ruby>です。

후타리데스

こちらへ どうぞ。

고치라에 도-조

煙草は 吸っても いいですか?
<ruby>煙草<rt>たばこ</rt></ruby>は <ruby>吸<rt>す</rt></ruby>っても いいですか?

타바코와 슷떼모 이-데스까

申し訳ありません。 ここは 禁煙です。
<ruby>申<rt>もう</rt></ruby>し<ruby>訳<rt>わけ</rt></ruby>ありません。 ここは <ruby>禁煙<rt>きんえん</rt></ruby>です。

모-시와케아리마셍   고꼬와 킨엔데스

すみません。 席を 移動したいんですが。
すみません。 <ruby>席<rt>せき</rt></ruby>を <ruby>移動<rt>いどう</rt></ruby>したいんですが。

스미마셍   세키오 이도-시타인데스가

あそこに 座っても いいですか?
あそこに <ruby>座<rt>すわ</rt></ruby>っても いいですか?

아소코니 스왓떼모 이-데스까

はい、大丈夫ですよ。
はい、<ruby>大丈夫<rt>だいじょうぶ</rt></ruby>ですよ。

하이 다이죠-부데스요

申し訳ございません。 あちらは 予約席です。
<ruby>申<rt>もう</rt></ruby>し<ruby>訳<rt>わけ</rt></ruby>ございません。 あちらは <ruby>予約席<rt>よやくせき</rt></ruby>です。

모-시와케고자이마셍   아치라와 요야쿠세키데스

호텔

125

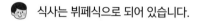

🧑 식사는 뷔페식으로 되어 있습니다.

🙂 음료는 뭘로 드릴까요?

👧 커피 두 잔 주세요.

🙂 알겠습니다.

👩 여기요, 커피 좀 더 주세요.

🙂 네, 갖다 드리겠습니다.

🙂 커피 더 드릴까요?

👩 네, 고마워요.

👩 아뇨, 전 됐어요.

🎧 MP3 054

食事は バイキングに なっております。
쇼쿠지와 바이킹구니 낫떼오리마스

お飲み物は 何を お持ちいたしましょうか?
오노미모노와 나니오 오모치이타시마쇼-까

コーヒー 2杯 下さい。
코-히- 니하이 구다사이

かしこまりました。
카시코마리마시타

すみません。コーヒーの おかわり いいですか?
스미마셍   코-히-노 오카와리 이-데스까

はい、お持ちいたします。
하이 오모치이타시마스

コーヒーの おかわり よろしいですか?
코-히-노 오카와리 요로시이데스까

はい、ありがとうございます。
하이 아리가토-고자이마스

いいえ、大丈夫です。
이-에 다이죠-부데스

호텔

127

👩 수영장은 어디에 있어요?

🧑 지하 1층에 있습니다.

👩 몇 시부터 몇 시까지예요?

🧑 아침 9시부터 저녁 10시까지입니다.

👩 어린애도 이용할 수 있어요?

🧑 보호자가 같이 계시면 괜찮습니다.

👩 수영캡이 없는데

👩 파는 데라도 있어요?

👩 타올을 좀 구할 수 있나요?

MP3 055

プールは どこに ありますか?

푸-루와 도코니 아리마스까

地下 1階に ございます。

치카 잇까이니 고자이마스

何時から 何時までですか?

난지카라 난지마데데스까

朝 9時から 夜 10時までです。

아사 쿠지카라 요루 쥬-지마데데스

子供も 利用できますか?

코도모모 리요-데키마스까

保護者が ご一緒であるなら 大丈夫です。

호고샤가 고잇쇼데아루나라 다이죠-부데스

호텔

水泳用の 帽子が ないのですが

스이에이요-노 보-시가 나이노데스가

売っている 所とか ありますか?

웃떼이루 도코로토카 아리마스까

タオルを 買う ことは できますか?

타오루오 카우 고또와 데키마스까

여기요, 팩스를 좀 보내고 싶은데요.

보낼 거는 여기 있습니다.

네, 여기에 보내는 곳의 팩스 번호를 적어 주세요.

네.

잠시만요.

네, 보냈습니다.

네, 감사합니다.

하나 더 보내 주시면 안 될까요?

펜을 좀 빌려 주세요.

すみません。ファックスを 送りたいんですが。
ス미마셍 확꾸스오 오쿠리타인데스가

送るものは ここに あります。
오쿠루모노와 고꼬니 아리마스

ここに 送信先の 番号を 書いてください。
고꼬니 소-신사키노 방고-오 카이떼구다사이

はい。
하이

少々 お待ちください。
쇼-쇼- 오마치구다사이

はい、送信いたしました。
하이 소-신이타시마시타

호텔

ありがとうございました。
아리가토-고자이마시타

もう 一ケ所 送って 頂けませんか?
모- 익까쇼 오쿳떼 이타다케마셍까

すみません。ペンを 貸してください。
스미마셍 펜오 카시떼구다사이

131

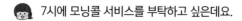

그밖의 서비스

7시에 모닝콜 서비스를 부탁하고 싶은데요.

매일 해 드릴까요?

아뇨, 내일만요.

알겠습니다.

저, 신문은 어디서 받을 수 있어요?

매일아침 엘리베이터 앞에 있습니다.

프론트에 말씀하시면 드립니다.

우산을 좀 빌려 주세요.

죄송해요. 우산을 잃어버렸어요.

7時に モーニングコールを お願いしたいんですが。
시치지니 모-닝구코-루오 오네가이시타인데스가

毎日ですか?
마이니치데스까

いいえ、明日だけです。
이-에 아시타다케데스

かしこまりました。
카시코마리마시타

あの、新聞は どこで もらえますか?
아노 신분와 도코데 모라에마스까

毎朝 エレベーターの 横に あります。
마이아사 에레베-타-노 요코니 아리마스

フロントまで 言っていただければ 差し上げますので。
후론토마데 잇떼이타다케레바 사시아게마스노데

かさを 貸してください。
카사오 카시떼구다사이

すみません。かさを なくしてしまいました。
스미마셍 카사오 나쿠시떼 시마이마시타

133

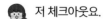
🧑 저 체크아웃요.

🧑 네, 잠시만 기다리세요.

🧑 지불은 어떻게 하시겠어요?

🧑 카드로 할 수 있나요?

🧑 네, 할 수 있습니다.

🧑 그럼 카드로 해 주세요.

🧑 전화사용료 내역서도 보여 주세요.

🧑 알겠습니다.

🧑 여기에 서명을 해 주세요.

チェックアウト お願いします。
쳇꾸아우토 오네가이시마스

はい、少々 お待ちください。
하이 쇼-쇼- 오마치구다사이

お支払いは どのように なさいますか?
오시하라이와 도노요-니 나사이마스까

カードで できますか?
카-도데 데키마스까

はい、できますよ。
하이 데키마스요

では、カードで お願いします。
데와 카-도데 오네가이시마스

電話使用料の 内訳書も 見せてください。
뎅와시요-료-노 우치와케쇼모 미세떼구다사이

かしこまりました。
카시코마리마시타

ここに サインを お願いします。
고꼬니 사인오 오네가이시마스

호텔

135

😊 저… 짐만 좀 맡길 수 있을까요?

🙂 네, 가능합니다.

😊 그럼, 오후 2시까지 짐을 좀 맡아주세요.

😊 2시까지 돌아오겠습니다.

🙂 이게 짐 번호입니다.

🙂 이것을 프론트에 내시면

🙂 짐을 받을 수 있습니다.

😊 네, 부탁드리겠습니다.

😊 짐을 찾으러 왔는데요.

∩ MP3 059

あのう 荷物だけ 預ける 事は できますか?
아노- 니모츠다케 아즈케루 코토와 데키마스까

はい、できますよ。
하이 데키마스요

では、午後 2時まで 荷物を 預かってください。
데와 고고 니지마데 니모츠오 아즈캇떼구다사이

2時までには 戻って 来ます。
니지마데니와 모돗떼키마스

これは 荷物の 番号です。
고레와 니모츠노 방고-데스

これを フロントに 出していただければ
고레오 후론토니 다시테 이타다케레바

お荷物を お受け取りできます。
오니모츠오 오우케토리데키마스

はい、よろしく お願いします。
하이 요로시꾸 오네가이시마스

荷物を 取りに 来ました。
니모츠오 토리니 키마시타

호텔

 택시 부르기

네, 프론트입니다.

택시를 좀 불러 주세요.

네, 한 대 부를까요?

아뇨, 두 대요.

알겠습니다.

택시가 오는 대로 방으로 연락을 드리겠습니다.

여보세요?

네, 프론트입니다. 택시가 도착했습니다.

네, 내려갈게요.

MP3 060

はい、フロントです。
하이 후론토데스

タクシー 呼んで いただけますか?
탁시- 욘데 이타다케마스까

はい、1台で よろしいですか?
하이 이치다이데 요로시이데스까?

いいえ、2台 お願いします。
이-에 니다이 오네가이시마스

かしこまりました。
카시코마리마시타

タクシーが 到着し次第、ご連絡 差し上げます。
탁시-가 토-차쿠시시다이 고렌라쿠 사시아게마스

호
텔

もしもし。
모시모시

フロントです。タクシーが まいりました。
후론토데스   탁시-가 마이리마시타

はい、すぐ 行きます。
하이 스구 이키마스

139

호텔관련용어

· 객실	客室(きゃくしつ)
· 국적	国籍(こくせき)
· 귀중품 보관	貴重品預(きちょうひんあず)かり
· 귀중품	貴重品(きちょうひん)
· 내선번호	内線電話(ないせんでんわ)
· 전화내역서	電話(でんわ)の内訳書(うちわけしょ)
· 누수	水(みず)もれ
· 다다미방	和室(わしつ)
· 다음 목적지	次(つぎ)の目的地(もくてきち)
· 더블	ダブル
· 로비	ロビー
· 룸서비스	ルームサービス
· 룸 키	ルームキー
· 만실	満室(まんしつ)
· 매점	売店(ばいてん)

· 방	部屋(へや)
· 방 번호	ルームナンバー
· 빈 방	空室(くうしつ)
· 세탁 서비스	ランドリーサービス
· 숙박요금	宿泊料金(しゅくはくりょうきん)
· 숙박하다, 묵다	泊(と)まる
· 스위트룸	スイートルーム
· 싱글	シングル
· 엘리베이터	エレベーター
· 여권발행지	旅券発行地(りょけんはっこうち)
· 예약	予約(よやく)
· 지불방법	支払(しはら)い方法(ほうほう)
· 짐	荷物(にもつ)
· 체크인	チェックイン
· 체크아웃	チェックアウト

호
텔

· 출발일	出発日(しゅっぱつび)
· 카드	カード
· 트윈	ツイン
· 팁	チップ
· 프론트	フロント
· 현금	現金(げんきん)
· 회계/계산	会計(かいけい) / 支払(しはら)い

7
식사

여행의 즐거움은 현지의 맛있는 음식을 맛보는 것을 빼놓을 수 없죠.
새로운 곳, 새로운 음식을 경험하며 즐거운 대화를 위해
필요한 표현들을 배워보아요.

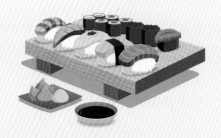

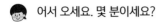

어서 오세요. 몇 분이세요?

3명입니다.

안내해 드리겠습니다. 이쪽으로 오십시오.

죄송합니다. 좀 기다리셔야 하는데요.

얼마나 기다려야 하죠?

한 10분 정도입니다.

알겠습니다. (기다릴게요.)

김하니님, 기다리게 해서 죄송합니다.

이쪽으로 오세요.

いらっしゃいませ。何名様ですか?
이랏샤이마세　　　　　　난메-사마데스까

3人です。
산닌데스

ご案内いたします。こちらへ どうぞ。
고안나이이타시마스　　　　고치라에 도-조

申し訳ありません。少々お待ち頂く事になりますが。
모-시와케아리마셍　　　　쇼-쇼-오마치이타다쿠 고또니 나리마스가

どのくらい かかりますか?
도노구라이 카카리마스까

10分くらいです。
줏뿐구라이데스

わかりました。(待ちます。)
와카리마시타 (마치마스)

キムハニ様、お待たせいたしました。
기무하니사마 오마타세이타시마시타

こちらへ どうぞ。
고치라에 도-조

주문하기 ❶

여기요. 주문 받으세요.

주문하시겠습니까?

햄버그스테이크하고 카레 주세요.

햄버그스테이크가 좀 시간이 걸릴 것 같은데요.

얼마나 기다려야 하죠?

글쎄요. 한 15분 정도입니다.

알겠습니다.

음료는 괜찮으세요?

괜찮아요. (필요없어요.)

146

すみません。注文 お願いします。
스미마셍　　츄-몬 오네가이시마스

はい、ご注文 お決まりですか?
하이 고츄-몬 오키마리데스까?

ハンバーグと カレーを お願いします。
함바-구또 카레-오 오네가이시마스

ハンバーグの方は 少々 お時間 かかると 思いますが。
함바-구노호-와 쇼-쇼- 오지칸 카카루토 오모이마스가

どのくらい かかりますか?
도노구라이 카카리마스까

そうですね。15分くらいだと 思いますが。
소-데스네　　쥬-고훈구라이다또 오모이마스가

わかりました。
와카리마시타

お飲物の方は よろしいですか?
오노미모노노호-와 요로시이데스까

大丈夫です。
다이죠-부데스

🙂 주문하신 것 확인하겠습니다.

🙂 햄버그스테이크하고 카레시죠?

🙂 잠시만 기다리세요.

🙂 추천요리 있어요?

🙂 세트로 주세요.

🙂 어린이용 그릇과 포크를 주세요.

🙂 좀 있다 할게요. (메뉴가 정해지지 않았을 때)

🙂 정해지시면 불러 주세요.

🙂 우선 물부터 좀 주세요.

ご注文 くりかえします。
고츄-몬 쿠리카에시마스

ハンバーグと カレーですね。
함바-그또 카레-데스네

少々 お待ちください。
쇼-쇼- 오마치구다사이

おすすめは ありますか?
오스스메와 아리마스까

セットで 下さい。
셋또데 구다사이

子供用の 茶碗と フォークを 下さい。
코도모요-노 챠완또 훠-쿠오 구다사이

少し 後で 注文します。
스코시 아토데 츄-몬시마스

お決まり次第 お呼びください。
오키마리시다이 오요비구다사이

とりあえず お冷やを 下さい。
토리아에즈 오히야오 구다사이

149

📍 주문을 바꾸거나 추가할 때

🙍‍♀️ 여기요. 주문을 바꾸었으면 하는데요.

🙂 할 수 있습니다. 뭘로 하시겠어요?

🙂 죄송합니다. 그건 좀 어려운데요….

🙍‍♀️ 카레를 크로켓정식으로 바꿔 주시겠어요?

🙂 알겠습니다.

🙍‍♀️ 여기요, 추가하고 싶은데요.

🙂 네, 말씀하세요.

🙍‍♀️ 야채 스프랑 빵을 추가해 주세요.

🙂 계산표를 수정하겠습니다.

すみません。注文を 替えて頂きたいんですが。
스미마셍　　　　츄-몬오 카에떼 이타다키타인데스가

大丈夫ですよ。何に なさいますか?
다이죠-부데스요　　나니니 나사이마스까

申し訳ありません。それは ちょっと…。
모-시와케아리마셍　　　　소레와 촛또

カレーを コロッケ定食に 替えて頂けますか?
카레-오 코롯케테-쇼쿠니 카에떼 이타다케마스까

かしこまりました。
카시코마리마시타

すみません。追加 お願いできますか?
스미마셍　　　츠이카 오네가이데키마스까

はい、どうぞ。
하이 도-조

野菜スープと パンを 追加してください。
야사이스-푸또 빵오 츠이카시떼구다사이

伝票を 修正いたします。
덴표-오 슈-세-이타시마스

151

이건 제가 주문한 게 아닌데요.

죄송합니다. 바로 가져오겠습니다.

치워 드릴까요?

네, 치워 주세요.

아뇨, 아직 (괜찮아요).

죄송하지만, 이것 좀 싸 주시겠어요?

알겠습니다. 잠시만 기다려 주십시오.

두 개로 포장해 주세요.

계산은 어디서 하죠?

私が 頼んだ 物と 違うんですけど。
와타시가 타논다 모노또 치가운데스케도

申し訳ありません。すぐ お持ちいたします。
모-시와케 아리마셍　　　　스구 오모치이타시마스

おひきいたしましょうか?
오히키이타시마쇼-까

はい、ひいてください。
하이 히이떼구다사이

いいえ、まだ 結構です。
이-에 마다 켓코-데스

すみません。これは 包んでもらえますか?
스미마셍　　　　고레와 츠츤데 모라에마스까

かしこまりました。少々 お待ちください。
카시코마리마시타　　　　쇼-쇼- 오마치구다사이

二つに 包んでください。
후타츠니 츠츤데 구다사이

計算(お勘定)は どこで するんですか?
케-산(오칸죠-)와 도코데 스룬데스까

식사

153

계산해 주세요.

카드도 되나요?

네, 할 수 있습니다.

다 같이 계산해 주세요.

따로따로 계산해 주세요.

영수증도 주세요.

네. 감사합니다.

(가게를 나올 때) 잘 먹었습니다.

또 오세요.

計算 お願いします。
けいさん ねが

케-산 오네가이시마스

カード 使えますか?
つか

카-도 츠카에마스까

はい、使えますよ。
つか

하이 츠카에마스요

全部 一緒に 計算してください。
ぜん ぶ いっしょ けいさん

젠부 잇쇼니 케-산시떼구다사이

別々に 計算してください。
べつべつ けいさん

베츠베츠니 케-산시떼구다사이

領収書も 下さい。
りょうしゅうしょ くだ

료-슈-쇼모 구다사이

はい、ありがとうございました。

하이 아리가토-고자이마시타

ごちそうさまでした。

고치소-사마데시타

また おこしください。

마타 오코시구다사이

📍 계산이 잘못되었을 때

아까 계산을 했는데요.

아무래도 계산이 잘못된 것 같은데요.

그래요? 바로 확인해 보겠습니다.

죄송합니다. 계산이 잘못됐네요.

금방 다시 계산해 드리겠습니다.

기다리시게 해서 죄송합니다.

여기 새 영수증입니다.

이건 음료수 쿠폰입니다.

다음에 쓰십시오.

さっき お勘定を すませたんですが。
삿끼 오칸죠-오 스마세탄데스가

どうも 計算が 間違ってるような 気がするんですが。
도-모 케-산가 마치갓떼루요-나 키가 스룬데스가

そうですか? すぐ 確認いたします。
소-데스까 스구 카쿠닝이타시마스

申し訳ありません。 計算が 間違っていました。
모-시와케아리마셍 케-산가 마치갓떼이마시타

すぐ 計算し直しますので。
스구 케-산시나오시마스노데

お待たせいたしまして 申し訳ありません。
오마타세이타시마시테 모-시와케아리마셍

こちらが 新しい 領収書です。
고치라가 아타라시- 료-슈-쇼데스

こちら ドリンクの サービス券です。
고치라 도링쿠노 사-비스켄데스

次回 お使いください。
지카이 오츠카이구다사이

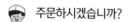 **일식집에서**

주문하시겠습니까?

토쿠죠(특상 모듬 스시)를 2인분 주세요.

알겠습니다.

하나는 와사비를 조금만 넣어 주세요.

와사비를 빼 주세요.

주문하신 것 나왔습니다.

맛은 어때요?

와사비가 매워요.

여기 계산 부탁합니다.

MP3 068

はい、ご注文 お決まりですか?
하이 고츄-몬 오키마리데스까

特上を 二人前 下さい。
토쿠죠-오 니닌마에 구다사이

かしこまりました。
카시코마리마시타

一つは わさびを 少しだけ 入れてください。
히토츠와 와사비오 스꼬시다케 이레떼구다사이

わさびを 抜いてください。
와사비오 누이떼구다사이

お待たせいたしました。
오마타세이타시마시타

味は どうですか?
아지와 도-데스까

わさびが 利いています。
와사비가 키이떼이마스

すみません。御愛想 お願いします。
스미마셍   오아이소 오네가이시마스

식사

159

어서 오세요. 몇 분이세요?

네 명요.

금연석으로 하시겠어요?

흡연석으로 하시겠어요?

금연석(흡연석)으로 부탁합니다.

담배는요?

피워요. / 안 피워요.

이쪽으로 오세요.

안내해 드리겠습니다.

いらっしゃいませ。何名様ですか?
이랏샤이마세　난메-사마데스까

4人です。
요닌데스

禁煙席に されますか?
킨엔세키니 사레마스까

喫煙席に されますか?
키츠엔세키니 사레마스까

禁煙席(喫煙席)で お願いします。
킨엔세키(키츠엔세키)데 오네가이시마스

お煙草の ほうは?
오타바코노 호-와

吸います。/ 吸いません。
스이마스 / 스이마셍

こちらへ どうぞ。
고치라에 도-조

ご案内いたします。
고안나이이타시마스

식
사

📍 레스토랑에서 ❷

주문하시겠습니까?

등심스테이크를 세트로 2인분 주세요.

고기는 어떻게 익혀 드릴까요?

웰던으로 / 미디움으로 / 레어로 주세요.

세트는 밥과 빵 어느 쪽으로 하시겠습니까?

하나씩 주세요.

샐러드 드레싱은 어떤 것으로 하시겠어요?

둘 다 후렌치 드레싱으로 주세요.

하나는 일본풍이고 하나는 이탈리안으로 주세요.

はい、ご注文 お決まりですか?
하이 고쮸-몬 오키마리데스까

ヒレステーキを セットで 二人前 下さい。
히레스테-키오 셋또데 니닝마에 구다사이

お肉の 焼き加減は?
오니쿠노 야키카겐와

ウェルダンで / ミディアムで / レアで 下さい。
웨루단데 / 미디아무데 / 레아데 구다사이

セットの方は、ライスとパン どちらにされますか?
셋또노호-와 라이스또 빵 도치라니 사레마스까?

一つずつ 下さい。
히토츠즈츠 구다사이

サラダの ドレッシングは 何が よろしいですか?
사라다노 도렛싱구와 나니가 요로시이데스까

二つとも フレンチドレッシングで 下さい。
후타츠토모 후렌치도렛싱구데 구다사이

一つは 和風で、一つは イタリアンで 下さい。
히토츠와 와후-데 히토츠와 이타리안데 구다사이

163

음료수는 먼저 드릴까요?

네.

아니오, 식후에 주세요.

식사랑 같이 주세요.

저기요. 이건 디저트도 들어 있나요?

디저트는 포함되어 있지 않습니다.

알았어요. 그럼, 디저트는 나중에 시킬게요.

와인 하시겠습니까?

네, 한잔씩 부탁해요.

ドリンクは 先に お持ちいたしましょうか?
도링쿠와 사키니 오모치이타시마쇼-까

はい。
하이

いいえ、食後に 下さい。
이-에 쇼쿠고니 구다사이

食事と 一緒に 下さい。
쇼쿠지또 잇쇼니 구다사이

すみません。これには デザートも 入ってますか?
스미마셍 고레니와 데자-토모 하잇떼마스까

デザートは 含まれておりませんが。
데자-토와 후쿠마레떼 오리마셍가

わかりました。デザートは 後で 頼みます。
와카리마시타 데자-토와 아토데 타노미마스

ワイン いかがですか。
와인 이카가데스까

はい、一杯ずつ 下さい。
하이 입빠이즈츠 구다사이

덜 익었어요.

다시 구워 드리겠습니다.

이것은 무슨 고기예요?

저기요, 고기가 너무 탔어요.

주문한 게 아직 안 나왔어요.

물을 좀 더 주세요.

포크가 떨어졌는데, 갖다 주시겠어요?

메뉴판 좀 보여 주시겠어요?

재떨이 있어요?

生焼やけです。
나마야케데스

もう一度 焼き直します。
모-이치도 야키나오시마스

これは 何の 肉ですか?
고레와 난노 니쿠데스까

すみません。お肉が 焦げ過ぎです。
스미마셍   오니쿠가 고게스기데스

注文したのが まだ 来ていません。
츄-몬시타노가 마다 키떼이마셍

お冷や 下さい。
오히야 구다사이

フォークを 落としたので 持って来て 頂けますか?
훠-쿠오 오토시타노데 못떼키떼 이타다케마스까

メニューを 見せていただけますか?
메뉴-오 미세떼 이타다케마스까

灰皿 ありますか?
하이자라 아리마스까

식사

😊 어서 오세요. 주문하시겠어요?

😊 휘시 버거 세트 주세요.

😊 치킨 두 조각 주세요.

😊 음료는 뭘로 하시겠어요?

😊 커피(콜라/사이다)로 주세요.

😊 밀크, 설탕 드릴까요?

😊 네, 주세요.

😊 가져가실 건가요? 여기서 드실 건가요?

😊 여기서 먹을 거예요. / 가져 갈 거예요.

いらっしゃいませ。ご注文 どうぞ。
이랏샤이마세   고츄-몬 도-조

フィッシュバーガーセット 下さい。
횟슈바-가-셋또 구다사이

チキン 2ピース 下さい。
치킨 니피-스 구다사이

お飲み物は 何に なさいますか?
오노미모노와 나니니 나사이마스까?

コーヒー(コーラ、サイダー)を 下さい。
코-히-(코-라 사이다-)오 구다사이

ミルク、砂糖 お付けいたしましょうか?
미루쿠 사토- 오츠케이타시마쇼-까

はい、下さい。
하이 구다사이

こちらで お召し上がりですか? お持ち帰りですか?
고치라데 오메시아가리데스까? 오모치카에리데스까

食べて 行きます。 / 持って 帰ります。
타베떼이키마스 / 못떼카에리마스

식사

169

봉투 하나만 주시겠어요?

스트로는 어디에 있어요?

저쪽 끝에 있습니다.

여기 앉아도 돼요?

이것 반으로 좀 잘라 주세요.

2층에도 자리가 있습니다.

커피 리필 되나요?

죄송하지만 리필은 안 됩니다.

이것 좀 데워 주세요.

袋を 一つ 下さい。
후쿠로오 히토츠 구다사이

ストローは どこに ありますか?
스토로-와 도코니 아리마스까

あちらに ございます。
아치라니 고자이마스

ここに 座っても いいですか?
고꼬니 스왓떼모 이-데스까

半分に 切っていただけますか?
한분니 킷떼이타다케마스까

２階にも 席が ございます。
니카이니모 세키가 고자이마스

コーヒー おかわり できますか?
코-히- 오카와리데키마스까

申し訳ございません、おかわりは できません。
모-시와케고자이마셍 오카와리와 데키마셍

これを 少し 温めてください。
고레오 스꼬시 아타타메떼구다사이

식사

171

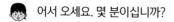

어서 오세요. 몇 분이십니까?

세 명요.

안내해 드리겠습니다. 이쪽으로 오세요.

자리가 마음에 드십니까?

네.

음료부터 시키시겠어요?

우선 맥주를 주세요.

생맥주와 병맥주가 있는데요.

생맥주 세 잔요.

いらっしゃいませ。 何名様^{なんめいさま}ですか?
이랏샤이마세　　　　　　난메-사마데스까

3人^{にん}です。
산닌데스

ご案内^{あんない}します。 こちらへ どうぞ。
고안나이시마스　　　　　고치라에 도-조

お席^{せき}は こちらで よろしいでしょうか?
오세키와 고치라데 요로시이데쇼-까

はい。
하이

お飲^のみ物^{もの}の ご注文^{ちゅうもん}から よろしいですか?
오노미모노노 고츄-몽카라 요로시이데스까?

とりあえず、ビールを 下^{くだ}さい。
토리아에즈 비-루오 구다사이

生^{なま}と 瓶^{びん}が ございますが。
나마또 빙가 고자이마스가

生^{なま} 3杯^{ばい} ください。
나마 삼바이 구다사이

식사

173

안주는 뭘로 드릴까요?

추천할 만한 것 없어요?

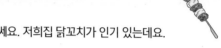

글쎄요. 저희집 닭꼬치가 인기 있는데요.

그럼, 모듬 꼬치 주세요.

(사진을 가리키면서) 이거랑 이것도 주세요.

아까 주문한 것 취소도 되나요?

물수건(젓가락) 좀 주세요.

술을 좀 약하게 만들어 주세요.

자, 건배합시다.

つまみは 何^{なに}を さしあげましょうか?
츠마미와 나니오 사시아게마쇼-까

おすすめは ありませんか?
오스스메와 아리마셍까

そうですね。うちの 焼^やき鳥^{とり}は 評判^{ひょうばん} いいですよ。
소-데스네　　　　　　우치노 야키토리와 효-반 이-데스요

では、焼^やき鳥^{とり}の 盛^もり合^あわせを 下^{くだ}さい。
데와 야키토리노 모리아와세오 구다사이

これと これも 下^{くだ}さい。
고레토 고레모 구다사이

さっき 注文^{ちゅうもん}したのを キャンセルできますか?
삿끼 츄-몬시타노오 캰세루데키마스까

おしぼり(おはし) 下^{くだ}さい。
오시보리(오하시) 구다사이

少^{すこ}し 弱^{よわ}めに 作^{つく}ってください。
스꼬시 요와메니 츠쿳떼구다사이

じゃ、乾杯^{かんぱい}しましょう。
쟈 간빠이시마쇼

식
사

175

건배!!

맛이 어때요?

약간 독한 것 같아요.

약간 쓴데요.

아주 맛있어요.

술은 잘하는 편이에요?

금방 취하는데요.

꽤 술을 하는 편이에요.

술고래예요.

MP3 077

<ruby>乾杯<rt>かんぱい</rt></ruby>!!
간빠이

<ruby>味<rt>あじ</rt></ruby>は どうですか?
아지와 도-데스까

ちょっと <ruby>強<rt>つよ</rt></ruby>いようです。
춋또 츠요이요-데스

ちょっと <ruby>苦<rt>にが</rt></ruby>いですね。
춋또 니가이데스네

とても おいしいです。
토테모 오이시-데스

お<ruby>酒<rt>さけ</rt></ruby>は いける ほうですか?
오사케와 이케루 호-데스까

すぐ <ruby>酔<rt>よ</rt></ruby>います。
스구 요이마스

<ruby>酒<rt>さけ</rt></ruby><ruby>好<rt>ず</rt></ruby>き(<ruby>飲<rt>の</rt></ruby>んべえ)です。
사케즈키(논베-)데스

<ruby>酒<rt>さけ</rt></ruby>のみ(<ruby>飲<rt>の</rt></ruby>んべえ / <ruby>上戸<rt>じょうご</rt></ruby>)です。
사케노미(논베- / 죠-고)데스

식사

177

술은 전혀 못 해요.

전 술을 못 해요.

우와! 술이 세시군요.

술은 어떤 것을 좋아해요?

전 맥주파예요.

그래요? 저도요.

그럼, 오늘은 제가 낼게요!!

그럼, 다음엔 제가 사 드릴게요.

2차는 제가 살게요.

飲めません。
노메마셍

下戸です。
게코데스

うわ! お酒 強いんですね。
우와! 오사케 츠요인데스네

お酒は どんなのが お好きですか?
오사케와 돈나노가 오스키데스까

私は ビール派です。
와타시와 비-루하데스

そうなんですか? 私もですよ。
소-난데스까 와타시모데스요

じゃあ、今日は 私が おごります!!
쟈- 쿄-와 와타시가 오고리마스

じゃあ、次は 私が おごりますね。
쟈- 츠기와 와타시가 오고리마스네

二次会は 私が おごりますね。
니지카이와 와타시가 오고리마스네

식사

179

식당에서 쓰는 말

· 개인접시	取(と)り皿(ざら)
· 계산	計算(けいさん) / お愛想(あいそ) *일식집
· 계산표	伝票(でんぴょう) / 勘定書(かんじょうがき)
· 교환권	引換券(ひきかえけん)
· 그릇	茶碗(ちゃわん) / 器(うつわ)
· 금연석	禁煙席(きんえんせき)
· 냅킨(휴지)	ナプキン
· 더치페이	割(わ)り勘(かん)
· 메뉴판	メニュー
· 물수건	おしぼり
· 뷔페	バイキング
· 생수	お冷(ひ)や
· 세트	セット
· 셀프서비스	セルフサービス
· 숟가락	スプーン
· 식사권	お食事券(しょくじけん)

*飲(の)み放題(ほうだい)
음료무제한

· 얼음	氷(こおり)
· 영수증	領収証(りょうしゅうしょう)
	領収書(りょうしゅうしょ)
· 영업시간	営業時間(えいぎょうじかん)
· 영업중	営業中(えいぎょうちゅう)
	商(あきな)い中(ちゅう)
· 예약석	予約席(よやくせき)
· 재떨이	灰皿(はいざら)
· 젓가락	はし
· 접시	皿(さら)
· 주문	注文(ちゅうもん)
· 주요리	メイン料理(りょうり)
· 추가주문	追加注文(ついかちゅうもん)
· 추천요리	おすすめ料理(りょうり)
· 컵	コップ
· 흡연석	喫煙席(きつえんせき)

일본의 술안주

· 간	レバー
· 간 회	レバ刺(さし)
· 감자버터구이	じゃがバター
· 꼬치	焼(や)き鳥(とり)
· 모듬과일	フルーツの盛(も)り合(あ)わせ
· 냉채두부	冷奴(ひややっこ)
· 두부튀김	揚(あ)げ出(だ)し豆腐(どうふ)
· 땅콩	ピーナッツ
· 마른 오징어	するめ
· 소시지	ソーセージ
· 주사위형 스테이크	サイコロステーキ
· 콘버터구이	バターコーン
· 풋콩	枝豆(えだまめ)
· 회	刺身(さしみ)
· 후렌치 후라이	フライドポテト

8
쇼핑

편의점에서 백화점까지 쇼핑에 관련된 표현들을 알아보아요.
접객표현은 경어가 많이 쓰이므로 경어표현에 유의하세요.

편의점에서 ❶

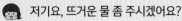 어서 오세요.

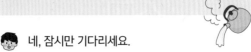 저기요, 뜨거운 물 좀 주시겠어요?

네, 잠시만 기다리세요.

뜨거운 물은 저기 있습니다.

셀프입니다.

나무 젓가락은 몇 개 드릴까요?

세 개 주세요.

뜨거운 물이 없는 것 같은데요.

네, 금방 넣어 드릴게요.

いらっしゃいませ。
이랏샤이마세

すみません。お湯を いただけますか?
스미마셍   오유오 이타다케마스까

はい、少々 お待ちください。
하이 쇼-쇼-오마치 구다사이

お湯は あそこに ございます。
오유와 아소코니 고자이마스

セルフサービスです。
세루후사-비스데스

おはしは 何本 差し上げましょうか?
오하시와 난본 사시아게마쇼-까

三本 下さい。
산본 구다사이

お湯が ないみたいなんですが。
오유가 나이미타이난데스가

はい、すぐ お入れいたします。
하이 스구 오이레이타시마스

쇼핑

185

편의점에서 ❷

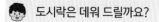 어서 오세요.

도시락은 데워 드릴까요?

네, 데워 주세요.

아뇨, 그냥 주세요.

나무 젓가락 좀 주세요.

하나 드릴까요?

두 개 주세요.

이거랑 이거는 따로따로 넣어 주세요.

봉투 두 개로 나눠서 넣어 주세요.

いらっしゃいませ。
이랏샤이마세

お弁当は 温めましょうか?
오벤토-와 아타타메마쇼-까

はい、温めてください。
하이 아타타메떼구다사이

いいえ、そのままで 結構です。
이-에 소노마마데 켓코-데스

わりばし 下さい。
와리바시 구다사이

お一つで よろしいでしょうか?
오히토츠데 요로시이데쇼-까

二本 下さい。
니혼 구다사이

これと これは 別々に 入れてください。
고레토 고레와 베츠베츠니 이레떼구다사이

袋 二つに 分けて 入れてください。
후쿠로 후타츠니 와케떼 이레떼구다사이

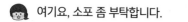

여기요, 소포 좀 부탁합니다.

네, 선불이세요? 착불이세요?

착불로 해 주세요.

그럼, 여기에 좀 적어 주시겠어요?

얼마나 걸려요?

글쎄요? 보통 2~3일정도요.

배달 시간을 지정할 수 있나요?

네.

원하시는 날짜는요?

すみません。小包 お願いできますか?
스미마셍　　고즈츠미 오네가이데키마스까

はい、着払いですか? 前払いですか?
하이 챠쿠바라이데스까 마에바라이데스까

着払いで お願いします。
챠쿠바라이데 오네가이시마스

では、こちらに ご記入 お願いします。
데와 고치라니 고키뉴-오네가이시마스

どのくらい かかりますか?
도노구라이 카카리마스까

そうですね。大体 2~3日 くらいですが。
소-데스네　　다이타이 니산니치 구라이데스가

配達指定は できますか?
하이타츠시테-와 데키마스까

はい。
하이

ご希望の 日にちは?
고키보-노 히니치와?

24일 1시쯤에 도착하도록 해 주세요.

네, 알겠습니다. 내용물은 뭐죠?

도자기예요.

깨지기 쉬운 것이니까 조심해 주세요.

이 표는 손님이 보관하셔야 합니다.

고맙습니다.

부탁드릴게요.

시간은 정확하게 맞추기 어렵습니다.

그날 중으로만 들어가면 됩니다.

２４日の 1時頃 着くように お願いします。
니쥬-욧까노 이치지고로 츠쿠 요-니 오네가이시마스

はい、かしこまりました。中身は 何ですか?
하이 카시코마리마시타　　　　　나카미와 난데스까

陶器です。
토-키데스

割れ物なので 注意してください。
와레모노나노데 츄-이시떼구다사이

こちらは お客様の 控えに なっております。
고치라와 오캬쿠사마노 히카에니 낫떼오리마스

どうも ありがとうございました。
도-모 아리가토-고자이마시타

よろしく お願いします。
요로시쿠 오네가이시마스

時間を 正確に 合わせるのは 困難です。
지깡오 세-카쿠니 아와세루노와 콘난데스

その日の うちに 着けば いいです。
소노히노 우치니 츠케바 이-데스

191

😊 현금지급기는 없어요?

😄 비닐 봉투 하나만 더 주시겠어요?

😊 숟가락 / 포크 주세요.

😄 무료예요?

😊 화장실 좀 사용할게요.

😄 밖에 있는 공중전화가 고장난 것 같은데요….

😊 담배 있어요?

😄 마일드 세븐 라이트 하나 주세요.

😊 담배 한 보루는 얼마예요?

ATMは ありませんか?
에-티-에무와 아리마셍까

ビニール袋、もう一つ いただけますか?
비니-루부쿠로 모-히토츠 이타다케마스까

スプーン / フォーク 下さい。
스푸운 / 훠-크 구다사이

無料ですか?
무료-데스까

トイレを かしてください。
토이레오 카시떼구다사이

外に ある 公衆電話が 故障した ようなんですが。
소토니아루 코-슈-뎅-와가 코쇼-시타 요-난데스가

たばこ ありますか?
타바코 아리마스까

マイルドセブンを 一つ 下さい。
마이르도세븐오 히토츠 구다사이

たばこ 1カートン いくらですか?
타바코 완카-톤 이쿠라데스까

193

⊙ **빵집에서**

 어서 오세요.

 계산해 주세요.

 합해서 1,570엔입니다.

 이 식빵 좀 썰어 주시겠어요?

 몇 장으로 썰어 드릴까요?

 6장으로 썰어 주세요.

 좀 얇게요. / 좀 두껍게요.

 샌드위치용으로 썰어 주세요.

 먹기 좋은 크기로.

いらっしゃいませ。
이랏샤이마세

計算 お願いします。
케-산 오네가이시마스

お会計 1570円に なります。
오카이케- 센고햐꾸나나쥬-엔니 나리마스

この 食パン 切って いただけますか?
고노 쇽빵 킷떼 이타다케마스까

何枚に お切りいたしましょうか?
난마이니 오키리이타시마쇼-까

6枚に 切って ください。
로쿠마이니 킷떼구다사이

少し 薄めに。/ 少し 厚めに。
스꼬시 우스메니 / 스꼬시 아츠메니

サンドイッチ用に 切って いただけますか?
산도잇찌요-니 킷떼 이타다케마스까

食べやすい 大きさに。
타베야스이 오-키사니

📍 케익가게에서

 어서 오세요. 뭘 드릴까요?

 (큰 케익을 가리키며) 이걸 주세요.

 생일 케익이세요?

 네. 양초 주시나요?

 몇 개나 드릴까요?

 25개요.

 네, 계산해 드릴까요?

 케익에 이름을 넣어 드릴까요?

 네, 그러세요. 이름은 '나나코'예요.

MP3 085

いらっしゃいませ。何を 差し上げましょうか?
이랏샤이마세   나니오 사시아게마쇼-까

これを 下さい。
고레오 구다사이

お誕生日 ケーキですか?
오탄죠-비 케-키데스까

はい、ろうそく 頂けますか?
하이 로-소쿠 이타다케마스까

おいくつ 差し上げましょうか?
오이쿠츠 사시아게마쇼-까

25本です。
니쥬-고혼데스

はい、計算いたしましょうか?
하이 케-산이타시마쇼-까

ケーキに お名前を お入れいたしましょうか?
케-키니 오나마에오 오이레이타시마쇼-까

お願いします。名前は 「ななこ」です。
오네가이시마스   나마에와 나나코데스

쇼
핑

197

여기요, 가방 같은 건 어디서 팔아요?

가방 매장은 몇 층이죠?

가방 매장은 5층입니다.

저 에스컬레이터로 올라가시면 됩니다.

엘리베이터는 없어요?

있습니다.

엘리베이터는 어디에 있어요?

이쪽으로 곧장 가시면 왼쪽에 있습니다.

고마워요.

🎧 MP3 086

すみません。かばん売り場は どこですか?
스미마셍　　　　　가방우리바와 도코데스까

かばん売り場は 何階ですか?
가방우리바와 난가이데스까

かばん売り場は 5階です。
가방우리바와 고카이데스

あちらのエスカレーターで お上がりください。
아치라노 에스카레-타-데 오아가리구다사이

エレベーターは ないですか?
에레베-타-와 나이데스까

ございますよ。
고자이마스요

エレベーターは どこに ありますか?
에레베-타-와 도코니 아리마스까

ここをまっすぐ 行かれますと左手の 方にございます。
고꼬오 맛스구 이카레마스토 히다리테노호니 고자이마스

どうも。
도-모

쇼핑

199

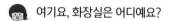

백화점에서 ❷

여기요, 화장실은 어디예요?

여기 몇 시까지 영업해요?

한국어 할 수 있는 분 계세요?

이것을 한국까지 보낼 수 있나요?

짐을 맡기고 싶은데요.

유모차를 빌릴 수 있나요?

신분증을 맡기시면 빌릴 수 있습니다.

주차장이 어디 있습니까?

(주차표를 보여 주며) 도장 찍어 주세요.

🎧 MP3 087

すみません。トイレは どこですか?
스미마셍　　토이레와 도코데스까

ここは 何時まで 営業ですか?
고꼬와 난지마데 에-교-데스까

韓国語が 出来る方 いらっしゃいますか?
캉코쿠고가 데키루 카타 이랏샤이마스까

これを 韓国まで 送る ことは できますか?
고레오 캉쿠마데 오쿠루 코토와 데키마스까

荷物を 預けたいんですが。
니모츠오 아즈케타인데스가

乳母車(ベビーカー)は レンタルできますか?
우바구루마(베비-카-)와 렌타루데키마스까

身分証を お預け頂ければ レンタルできます。
미분쇼-오 오아즈케이타다케레바 렌타루데키마스

駐車場は どこに ありますか?
츄-샤죠-와 도꼬니 아리마스까

印を 押して ください。
인오 오시떼구다사이

201

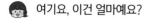
여기요, 이건 얼마예요?

그건 2만엔입니다.

세금 포함인가요?

세금은 포함되어 있지 않습니다.

구입하실 때 따로 5%를 내셔야 됩니다.

혹시 구입하고 나서 교환가능한가요?

영수증을 가지고 계시면 가능합니다.

반품도 돼요?

반품은 좀 곤란한데요.

♫ MP3 088

すみません。これは いくらですか?
스미마셍　　　고레와 이쿠라데스까

それは 2万円です。
소레와 니만엔데스

税込みですか?
제-코미데스까

税は 含まれていません。
제-와 후쿠마레떼 이마셍

購入時、別途 5% 負担に なります。
코-뉴-지 벳또 고파-센토 후탄니 나리마스

購入後、交換可能ですか?
코-뉴-고 코-칸카노-데스까

領収書を お持ちいただければ できますよ。
료-슈-쇼오 오모치이타다케레바 데키마스요

返品も できますか?
헨핀모 데키마스까

返品は ちょっと 難しいですが。
헨핀와 촛또 무즈카시-데스가

쇼
핑

어서 오십시오.

찾으시는 거라도 있으세요?

아뇨, 구경 좀 할게요.

요즘은 어떤 옷이 잘 나가요?

올해는 이런 스타일이 유행이거든요.

이거랑 이것도 잘 어울리구요.

그래요? 근데 저한테는 좀….

예쁘긴 한데….

그럼, 이런 옷은 어떠세요?

いらっしゃいませ。
이랏샤이마세

何か お探しでしょうか?
나니카 오사가시데쇼-까

いいえ、ちょっと見ようと 思って。
이-에 촛또 미요-또 오못떼

最近は どんな 服が 売れていますか?
사이킨와 돈나 후쿠가 우레떼 이마스까

今年は こういった スタイルが 流行してますよ。
고토시와 코-잇따 스타이루가 류-코-시떼 이마스요

これと これも よく 似合いますし。
고레또 고레모 요쿠 니아이마스시

そうですか。でも、私には ちょっと…。
소-데스까   데모 와타시니와 촛또

かわいいんですが…。
카와이인데스가

でしたら、この服は いかがですか?
데시타라 고노 후쿠와 이카가데스까

205

예쁘네요.

입어 봐도 될까요?

네. 탈의실은 이쪽입니다.

손님, 어떠세요?

좀 끼는 것 같아요.

한 사이즈 큰 거는 있어요?

너무 좀…. (마음에 들지 않음)

이게 낫네요.

이게 손님한테 맞으시네요.

かわいいですね。
카와이-데스네

試着してみても いいですか?
시챠쿠시떼미떼모 이-데스까

ええ、試着室は こちらです。
에- 시챠쿠시츠와 고치라데스

お客様、いかがですか?
오캬쿠사마 이카가데스까

少し きつい ような 気が します。
스꼬시 키츠이요-나 키가 시마스

一サイズ 大きいのは ありませんか?
히토사이즈 오-키-노와 아리마셍까

あまりにも ちょっと…。
아마리니모 촛또

これが いいですね。
고레가 이-데스네

これが お客様に お似合いですね。
고레가 오캬쿠사마니 오니아이데스네

의류매장에서 ❸

🧒 컬러는 무엇 무엇 있어요?

🧑 검정색, 카키색, 갈색 세 가지예요.

🧒 무슨 색이 어울릴까요?

🧑 손님한테는 검정색이 잘 어울리시는 것 같아요.

🧒 그럼 이걸로 주세요.

🧒 이것 소재는 뭐예요?

🧑 이것은 마입니다.

🧒 물 빨래 해도 돼요?

🧑 아뇨, 드라이하셔야 합니다.

カラーは 何が ありますか?
카라-와 나니가 아리마스까

黒と カーキと 茶色です。
쿠로또 카-키또 차이로데스

何色が 似合いますか?
나니이로가 니아이마스까

お客様には 黒が お似合いだと 思いますが。
오캬쿠사마니와 쿠로가 오니아이다또 오모이마스가

では これを 下さい。
데와 고레오 구다사이

この 素材は 何ですか?
고노 소자이와 난데스까

これは 麻です。
고레와 아사데스

水洗いしても 大丈夫ですか?
미즈아라이시떼모 다이죠-부데스까

いいえ、 ドライクリーニングを してください。
이-에 도라이쿠리-닝구오 시떼구다사이

📍 계산할 때

 계산해 주세요. 얼마예요?

 12,800엔입니다.

 이 카드 되나요?

 네, 괜찮습니다.

 지불은 몇 개월로 해 드릴까요?

 3개월로 해 주세요.

 알겠습니다. 그럼 여기 사인 부탁합니다.

 저 이것 포장 좀 해 주세요.

 가격표는 떼 주세요.

計算 お願いします。 いくらですか?
케-산 오네가이시마스　　　이쿠라데스까

12,800円です。
이치만 니센 핫빠쿠엔데스

この カードは 使えますか?
고노 카-도와 츠카에마스까

はい、大丈夫ですよ。
하이 다이죠-부데스요

お支払い 回数は どのように なさいますか?
오시하라이 카이스-와 도노요-니 나사이마스까

3ケ月で お願いします。
산카게츠데 오네가이시마스

かしこまりました。 ここに サイン お願いします。
카시코마리마시타　　　고꼬니 사인 오네가이시마스

あの、これ ラッピングを お願いします。
아노 고레 랍삥구오 오네가이시마스

値段は 外してください。
네단와 하즈시떼구다사이

211

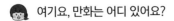

⊙ 서점에서

😊 여기요, 만화는 어디 있어요?

😊 5층에 있습니다.

😊 (계산대에서)이거 주세요.

😊 1,800엔입니다.

😊 거스름돈 200엔입니다.

😊 '링'이라는 책은 어디에 있어요?

😊 멀리 가져 갈 건데, 끈으로 좀 묶어 주세요.

😊 (메모지를 보여 주면서)이런 책을 찾고 있는데요.

😊 이 층에서 계산하고 나서 올라가야 합니다.

漫画<ruby>まん<rt>まん</rt></ruby><ruby>が<rt>が</rt></ruby>は どこに ありますか?
망가와 도코니 아리마스까

5階<ruby>かい<rt>かい</rt></ruby>に あります。
고카이니 아리마스

これ 下<ruby>くだ<rt>くだ</rt></ruby>さい。
고레 구다사이

1,800円<ruby>えん<rt>えん</rt></ruby>です。
센핫빠쿠엔데스

200円<ruby>えん<rt>えん</rt></ruby>の お返<ruby>かえ<rt>かえ</rt></ruby>しです。
니햐쿠엔노 오카에시데스

「リング」という 本<ruby>ほん<rt>ほん</rt></ruby>は どこに ありますか?
「링구」또유- 홍와 도꼬니 아리마스까

遠<ruby>とお<rt>とお</rt></ruby>くまで 持<ruby>も<rt>も</rt></ruby>って 行<ruby>い<rt>い</rt></ruby>くので、ひもで 結<ruby>むす<rt>むす</rt></ruby>んで 頂<ruby>いただ<rt>いただ</rt></ruby>けますか?
토오쿠마데 못떼이쿠노데 히모데 무슨데 이타다케마스까

こんな 本<ruby>ほん<rt>ほん</rt></ruby>を 探<ruby>さが<rt>さが</rt></ruby>しているんですが。
곤나 홍오 사가시테이룬데스가

この階<ruby>かい<rt>かい</rt></ruby>で 計算<ruby>けいさん<rt>けいさん</rt></ruby>を お済<ruby>す<rt>す</rt></ruby>ませに なられて、お上<ruby>あ<rt>あ</rt></ruby>がりください。
고노 카이데 케-산오 오스마세니 나라레떼 오아가리 구다사이

쇼핑

213

어서 오세요.

찾으시는 것 있으세요?

파운데이션을 좀 보여주세요.

파운데이션은 여기 있습니다.

리퀴드타입을 원하세요?

아니면 파우더타입을 원하세요?

파우더타입이요.

복합성 피부입니다. (건성 / 지성)

손님께는 이게 어울릴 것 같습니다.

いらっしゃいませ。
이랏샤이마세

お探しの物は ございますか?
오사가시노 모노와 고자이마스까

ファンデーションを 見せてください。
환데-숀오 미세떼구다사이

ファンデーションは こちらに ございます。
환데-숀와 고치라니 고자이마스

リキッドタイプを お望みですか?
리킷도타이프오 오노조미데스까

それとも パウダータイプを?
소레토모 파우다-타이프오

パウダータイプです。
파우다-타이프데스

複合肌です。(乾燥肌 / 脂性)
후쿠고-하다데스 (칸소-하다 / 아부라쇼-)

お客様には これが お合いに なられるようです。
오캬쿠사마니와 고레가 오아이니 나라레루요-데스

😊 발라봐도 됩니까?

😀 그럼요. 여기 샘플 있습니다.

😊 잘 퍼지네요.

😊 그럼, 이걸 주세요.

😀 신제품의 샘플도 몇 개 넣어 드릴게요.

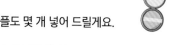

😀 한번 써 보세요.

😊 시세이도 매장은 어디 있어요?

😊 (케이스를 보여 주면서)이거랑 같은 것 있어요?

😀 이건 이제 안 나옵니다.

塗ってみても いいですか?
ぬ
눗떼미떼모 이-데스까

ええ、ここに サンプルが あります。
에- 고꼬니 산푸루가 아리마스

すーっと 伸びますね。
の
슷-또 노비마스네

じゃあ、これを 下さい。
くだ
쟈- 고레오 구다사이

新製品の サンプルも お入れして おきます。
しんせいひん　　　　　　　　　い
신세-힝노 삼푸루모 오이레시떼오키마스

一度 使われてみて ください。
いち ど つか
이치도 츠카와레떼미떼구다사이

資生堂は どこに ありますか?
し せいどう
시세이도-와 도꼬니 아리마스까

これと 同じ 物は ありますか?
おな もの
고레토 오나지 모노와 아리마스까

これは、もう 販売されて いません。
はんばい
고레와 모- 한바이사레떼이마셍

쇼핑

😊 찾으시는 것 있으세요?

😊 샌들 좀 보려구요.

😊 어떤 스타일을 찾으세요?

😊 심플하고 고급스러운 거요.

😊 그럼, 이 검정색 샌들은 어떠세요?

😊 유행에 관계없이 언제든지 신을 수 있는 스타일이죠.

😊 한번 신어 보시지 그러세요?

😊 발 크기(사이즈)가 어떻게 되세요?

😊 240요.

何か お探しの物は ございますか?
나니카 오사가시노 모노와 고자이마스까

サンダルを 見たいんですが。
산다루오 미타인데스가

どんな スタイルのを お探しですか?
돈나 스타이루노오 오사가시데스까

シンプルで 上品な 感じの物です。
신푸루데 죠-힌나 간지노 모노데스

では、この黒のサンダルなんかは どうですか?
데와 고노 쿠로노 산다루난카와 도-데스까

流行もなくて、いつでもはけるスタイルですよ。
류-코-모나쿠떼 이츠데모 하케루 스타이루데스요

一度 はかれてみてください。　　*はく 신다
이치도 하카레떼미떼구다사이

足の サイズは おいくつですか?
아시노 사이즈와 오이쿠츠데스까

24です。
니쥬-욘데스

219

쇼핑

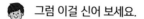

그럼 이걸 신어 보세요.

좀 더 안정감이 있는 건 없어요?

있습니다.

이건 어때요?

이거 240이에요?

좀 큰 것 같은데요.

좀 더 작은 것을 보여 주세요.

잠시만요.

이게 딱 맞네요.

では、 これを はかれてみてください。
데와 고레오 하카레테미떼구다사이

もう少し 安定感のある 物は ないですか?
모-스꼬시 안테-칸노 아루 모노와 나이데스까

ありますよ。
아리마스요

こちらは どうでしょうか?
고치라와 도-데쇼-까?

これ 24ですか?
고레 니쥬-욘데스까

少し 大きいみたいです。
스꼬시 오-키-미타이데스

もう少し 小さいのを 見せてください。
모-스꼬시 치-사이노오 미세떼구다사이

少々 お待ちください。
쇼-쇼- 오마치구다사이

これは ぴったりです。
고레와 핏따리데스

🙍 거울 있어요?

🧑 여기 있습니다. 잘 어울리시네요.

🙍 얼마예요?

🧑 12,800엔입니다.

🙍 만약에 굽부분이 벗겨지거나 하면

🙍 여기서 고쳐 주시나요?

🧑 그럼요. 그 때는 갖고 오세요.

🙍 그럼, 이걸로 주세요.

🧑 네, 감사합니다.

🎧 MP3 098

鏡 ありますか?
카가미
카가미 아리마스까?

ここにあります よ。お似合いですね。
니 아
고꼬니 아리마스요　　　　오니아이데스네

いくらですか?
이쿠라데스까

12,800円です。
엔
이치만 니센 핫빠쿠엔데스

もし ヒールの 部分が はがれたりしたら、
부 분
모시 히-루노 부분가 하가레타리시타라

ここで 修理して いただけますか?
슈 리
고꼬데 슈-리시떼 이타다케마스까

勿論ですよ。その時は お持ちください。
모치론　　　　　　토키　　모
모치론데스요　　소노토키와 오모치구다사이

じゃあ、これを 下さい。
쿠다
쟈 고레오 구다사이

はい、ありがとうございます。
하이 아리가토-고자이마스

쇼
핑

223

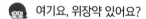

📍 약국에서

😊 여기요, 위장약 있어요?

🙂 어떤 약이 좋으세요?

😊 알약이요. (가루약 / 짜 먹는 것)

🙂 네, 여기 있습니다.

🙂 하루에 3번 식후에 복용해 주세요.

🙂 식전에 복용해 주세요.

🙂 식간에 복용해 주세요.

😊 얼마씩 먹어야 돼요?

🙂 한 번에 세 알요.

すみません。胃腸薬 ありますか?
스미마셍　이쵸-야쿠 아리마스까

どういった タイプが いいですか?
도-잇따 타이푸가 이-데스까

錠剤です。(粉薬 / 液剤)
죠-자이데스 (코나구스리 / 에키자이)

はい、どうぞ。
하이 도-조

一日 3回、食後に 服用してください。
이치니치 산카이 쇼쿠고니 후쿠요-시떼구다사이

食前に 服用してください。
쇼쿠젠니 후쿠요-시떼구다사이

食間に 服用してください。
쇼깐니 후쿠요-시떼 구다사이

どのくらい 飲めば いいのですか?
도노구라이 노메바 이-노데스까

一回に 3錠です。
잇까이니 산죠-데스

225

약국에서 간단히 살 수 있는 것들

· 귀후비개　　　　　　耳掻(みみか)き

· 기름종이　　　　　　あぶらとり紙(がみ)

· 기저귀　　　　　　　おむつ

· 멀미약　　　　　　　酔(よ)い止(ど)め

· 무좀약　　　　　　　水虫(みずむし)の薬(くすり)

· 밴드　　　　　　　　絆創膏(ばんそうこう)

· 벌레물린 데 바르는 약　虫刺(むしさ)され用(よう)の薬

　　　　　　　　　　　(くすり)

· 변비약　　　　　　　便秘薬(べんぴやく)

· 소화제　　　　　　　消化剤(しょうかざい)

· 수면제　　　　　　　睡眠薬(すいみんやく)

· 생리대　　　　　　　ナプキン

· 생리통　　　　　　　生理痛(せいりつう)

· 파스　　　　　　　　シップ(湿布)

· 피임약　　　　　　　避妊薬(ひにんやく)

· 해열제　　　　　　　解熱剤(げねつざい)

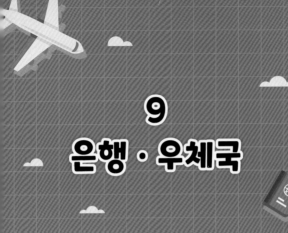

9
은행 · 우체국

은행이나 우체국을 이용할 때
궁금한 것은 물어보고 의사소통을 위한 표현들을 알아보아요.

은행에서 ❶

🙂 어서 오세요.

😊 이거 엔으로 환전 좀 해 주세요.

🙂 신분증은 갖고 계십니까?

😊 여권(외국인등록증)도 돼요?

🙂 네.

🙂 나왔습니다. 감사합니다.

😊 봉투 하나 주세요.

😊 이것, 잔돈으로 좀 바꿔주세요.

🙂 이쪽에 잔돈교환기가 있습니다.

いらっしゃいませ。
이랏샤이마세

これを 円に 両替してください。
고레오 엔니 료-가에시떼구다사이

身分証明書は お持ちですか?
미분쇼-메-쇼와 오모치데스까

パスポート(外国人登録証)で いいですか?
파스포-토(가이코쿠진토-로쿠쇼-)데 이-데스까

はい。
하이

お待たせいたしました。 ありがとうございました。
오마타세이타시마시타   아리가토-고자이마시타

袋を 一つ 下さい。
후쿠로오 히토츠 구다사이

これを 小銭に 替えてください。
고레오 코제니니 카에떼구다사이

こちらに 両替機が ございます。
고치라니 료-가에키가 고자이마스

229

🙂 어서 오세요.

🙂 안녕하세요. 통장을 개설하고 싶은데요.

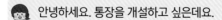

🙂 신분증 갖고 오셨습니까?

🙂 여권(외국인등록증)도 되나요?

🙂 네. 그럼, 여기에 좀 적어 주세요.

🙂 죄송한데요, 쓰는 방법을 좀 가르쳐 주세요.

🙂 위에서부터 성함, 주소, 여권번호,

🙂 전화번호, 그리고 서명요.

🙂 혹시 도장 갖고 오셨어요?

いらっしゃいませ。
이랏샤이마세

通帳を 作りたいんですが。
츠-쵸-오 츠쿠리타인데스가

身分証明書は お持ちですか?
미분쇼-메-쇼와 오모치데스까

パスポート(外国人登録証)で いいですか?
파스포-토(가이코쿠진토-로쿠쇼-)데 이-데스까

はい、では ここに ご記入を お願いします。
하이 데와 고꼬니 고키뉴-오 오네가이시마스

すみません、記入の 仕方を 教えてください。
스미마셍 키뉴-노 시카타오 오시에떼구다사이

上から 名前、住所、パスポート番号、
우에카라 나마에 쥬-쇼 파스포-토방고-

電話番号、そして サインです。
뎅와방고- 소시떼 사인데스

印鑑は お持ちでしょうか?
인칸와 오모치데쇼-까

231

네.

네, 처리되었습니다. 통장하고 카드예요.

감사합니다.

갖고 계시는 번호가 불리면

창구로 오십시오.

번호표를 뽑아 주세요.

좀 봐 주실래요?

뭐가 잘못됐나요?

카드가 안 나와요. (현금지급기)

はい。
하이

お待たせしました。通帳と カードです。
오마타세시마시타　츠-쵸-또 카-도데스

ありがとうございました。
아리가토-고자이마시타

お手元の 番号が 呼ばれましたら、
오테모토노 방고-가 요바레마시타라

窓口へ お越しください。
마도구치에 오코시구다사이

番号札を お取りください。
방고-후다오 오토리구다사이

ちょっと 見て頂けますか?
춋또 미떼이타다케마스까

どう なさいましたか?
도- 나사이마시타까

カードが 出てきません。
카-도가 데테키마셍

우체국에서 ❶

어서 오세요.

이걸 한국까지 부치고 싶은데요.

어떻게 보낼까요?

그냥 보통으로 해 주세요. (속달 / 등기)

며칠 정도 걸리나요?

글쎄요. 한 4일 정도 걸릴 거예요.

얼마예요?

900엔입니다.

부탁드릴게요. (보내 주세요.)

MP3 103

いらっしゃいませ。

이랏샤이마세

これを 韓国^{かんこく}まで 送^{おく}りたいんですが。

고레오 캉코쿠마데 오쿠리타인데스가

どの ように 送^{おく}られますか?

도노 요-니 오쿠라레마스까

普通^{ふつう}で 送^{おく}ってください。(速達^{そくたつ}で / 書留^{かきとめ}で)

후츠-데 오쿳떼구다사이 (소쿠타츠데 / 가키토메데)

何日^{なんにち}くらい かかりますか?

난니치 구라이 카카리마스까

そうですね、四日^{よっか}くらいだと 思^{おも}いますが。

소-데스네、욧까구라이다또 오모이마스가

いくらですか?

이쿠라데스까

900円^{えん}です。

큐-햐꾸엔데스

お願^{ねが}いします。

오네가이시마스

🧑 이걸 한국까지 부치고 싶은데요.

🧑 그러면, 우선 여기에다 적어 주세요.

🧑 영어로 써도 돼요?

🧑 여기에는 뭘 써야 되죠?

🧑 거기는 우편번호요.

🧑 어떻게 보내 드릴까요?

🧑 EMS로 보내 주세요.

🧑 며칠 걸리죠?

🧑 글쎄요. 한 1주일 정도 보시면 됩니다.

これを 韓国まで 送りたいんですが。
고레오 캉코쿠마데 오쿠리타인데스가

では、ここに ご記入 お願いします。
데와 고꼬니 고키뉴-오네가이시마스

英語で 書いても いいですか?
에-고데 카이떼모 이-데스까

ここには 何を 書くんですか?
고꼬니와 나니오 카쿤데스까

そこは 郵便番号です。
소꼬와 유-빈방고-데스

どの ように 送りましょうか?
도노 요-니 오쿠리마쇼-까

EMSで お願いします。
이-에무에스데 오네가이시마스

何日 かかりますか?
난니치 카카리마스까

そうですね、1週間程みられたほうがいいですよ。
소-데스네 잇슈-칸호도 미라레타호-가 이-데스요

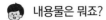 **우체국에서 ❸**

내용물은 뭐죠?

책이랑 옷이에요. (서류 / 그릇 / 깨지기 쉬운 것)

내용물의 총비용은 얼마죠?

한 1만엔 정도예요.

네, 됐습니다. 감사합니다.

소포용 박스 살 수 있나요?

풀(가위) 좀 빌려 주세요.

항공편으로 보내 주세요.

선편으로 보내 주세요.

内容物は 何ですか?
나이요-부츠와 난데스까

本と 服です。(書類 / 器 / 割れ物)
혼토 후쿠데스 (쇼루이 / 우츠와 / 와레모노)

内容物の 総費用は おいくらですか?
나이요-부츠노 소-히요-와 오이쿠라데스까

1万円ほどです。
이치만엔호도데스

はい、結構ですよ。 ありがとうございました。
하이 켓코-데스요   아리가토-고자이마시타

小包用の 箱を 買う ことは できますか?
코즈츠미요-노 하코오 카우 고토와 데키마스까

のり(はさみ)を 貸してください。
노리(하사미)오 카시떼구다사이

航空便で お願いします。
코-쿠-빈데 오네가이시마스

船便で お願いします。
후나빈데 오네가이시마스

모레까지 도착할 수 있게 하고 싶은데요.

선편은 시간이 좀 걸리는데요.

어느 용지에 쓰면 되죠?

여기에는 뭘 써야 되죠?

우편번호를 모르는데, 가르쳐 주시겠어요?

우편번호책을 좀 보여 주세요.

EMS라면 빨리 가는데요.

작성법을 알려 주세요.

연락처도 쓰셔야 합니다.

明後日まで 着くように 送りたいのですが。
아삿떼마데 츠쿠요-니 오쿠리타이노데스가

船便は 少し 時間が かかりますが。
후나빈와 스코시 지칸가 카카리마스가

どの 用紙に 書けば いいのですか?
도노 요-시니 카케바 이-노데스까

ここには 何を 書くんですか?
고꼬니와 나니오 카쿤데스까

郵便番号が 分からないので、教えて 頂けますか?
유-빈방고-가 와카라나이노데 오시에떼 이타다케마스까

ポスタルガイドを 見せてください。
포스타루가이도오 미세떼구다사이

EMSだと 早いですよ。
이-에무에스다또 하야이데스요

書き方を 教えてください。
카키카따오 오시에떼구다사이

連絡先を 書かなくては いけません。
렌라쿠사키오 카카나쿠떼와 이케마셍

241

😊 80엔 짜리 우표 두 장 주세요.

😊 네, 160엔입니다.

😊 저, 기념우표 있어요?

😊 네, 있습니다. 어떤 걸 드릴까요?

😊 카탈로그 같은 게 있으면 보여 주세요.

😊 여기 있습니다.

😊 이거 한 장하고요, 이거 세 장 주세요.

😊 관제엽서 네 장 주세요.

😊 네, 200엔이네요.

80円 切手を 2枚 ください。
하치쥬-엔 킷떼오 니마이 구다사이

はい、 160円です。
하이 햐꾸로쿠쥬-엔데스

あの、記念切手は ありますか?
아노 키넨킷떼와 아리마스까

はい、ありますよ。どれを 差し上げましょうか?
하이 아리마스요   도레오 사시아게마쇼-까

カタログが あるなら 見せてください。
카타로구가 아루나라 미세떼구다사이

どうぞ。
도-조

これを 1枚と、これを 3枚 下さい。
고레오 이치마이또 고레오 삼마이 구다사이

官製ハガキを 4枚 下さい。
칸세-하가키오 욤마이 구다사이

はい、200円ですね。
하이 니햐꾸엔데스네

243

우체국에서 필요한 말

· 등기	書留(かきとめ)	
· 우편환	郵便為替 (ゆうびんかわせ)	
· AIR MAIL	エアメール	
· 받는 사람	あて先(さき)	
· 보내는 사람	差出(さしだ)し人(にん)	
· 사서함	私書箱(ししょばこ)	
· 소포	小包(こづつみ)	
· 속달	速達(そくたつ)	
· 왕복엽서	往復(おうふく)ハガキ	
· 우체통	ポスト	
· 우편번호	郵便番号(ゆうびんばんごう)	
· 인쇄물 재중	印刷物在中(いんさつぶつざいちゅう)	
· 파손 주의	破損注意(はそんちゅうい)	
· 편지	手紙(てがみ)	
· 항공편	航空便(こうくうびん)	

10
관광

유명한 관광지뿐 아니라 발 닿는 곳 어디서나 새로운 경험을 할 수 있어요.

아름다운 추억을 만들어요.

🧑 관광지를 둘러보고 싶은데요.

🧑 좋은 방법이 없을까요?

👨 관광지를 둘러보고 싶으시면

👨 하토바스를 이용하시는 것이 좋습니다.

🧑 두 사람이면 비용이 얼마나 들까요?

👨 하루코스와 반나절코스가 있거든요.

👨 하루코스는 1인당 만엔이고,

👨 반나절코스는 5천엔입니다.

🧑 코스내용이 어떻게 되어 있어요?

観光地めぐりを したいのですが。
かんこう ち

캉코-치메구리오 시타이노데스가

いい 方法は ないですか?
ほうほう

이- 호-호-와 나이데스까

観光地めぐりを ご希望でしたら、
かんこう ち　　　　　　　　 きぼう

캉코-치메구리오 고키보-데시타라

ハトバスを ご利用されるのを おすすめします。
りよう

하토바스오 고리요-사레루노오 오스스메시마스

二人で いくら かかりますか?
ふたり

후타리데 이쿠라 카카리마스까

一日コースと 半日コースが あります。
いちにち　　　　　 はんにち

이치니치 코-스토 한니치코-스가 아리마스

一日コースは お一人 一万円で、
いちにち　　　　　　 ひとり いちまんえん

이치니치 코-스와 오히토리 이치만엔데스

半日コースは お一人 五千円です。
はんにち　　　　　　 ひとり ごせんえん

한니치 코-스와 오히토리 고센엔데스

コース内容を 教えて 頂けますか?
ないよう　　 おし　　 いただ

코-스 나이요-오 오시에떼 이타다케마스까

247

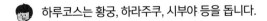
하루코스는 황궁, 하라주쿠, 시부야 등을 돕니다.

반나절코스는 아사쿠사, 황궁, 하라주쿠입니다.

지도를 좀 보여 주세요.

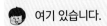

여기 있습니다.

그럼, 하루코스로 두 사람 예약해 주세요.

감사합니다. 2만엔입니다.

식사는 어떻게 되어 있죠?

다 포함되어 있습니다.

식대는 개인 부담입니다.

一日コースは 皇居・原宿・渋谷等を まわります。
이치니치코-스와 코-쿄 하라쥬쿠 시부야나도오 마와리마스

半日コースは 浅草・皇居・原宿です。
한니치코-스와 아사쿠사 코-쿄 하라쥬쿠데스

地図を ちょっと 見せてください。
치즈오 촛또 미세떼구다사이

どうぞ。
도-조

では、一日コースで 二人 予約してください。
데와 이치니치코-스데 후타리 요야쿠시떼구다사이

ありがとうございます。二万円に なります。
아리가토-고자이마스   니만엔니 나리마스

食事は どう なるんですか?
쇼쿠지와 도- 나룬데스까

すべて 含まれています。
스베테 후쿠마레떼이마스

食事代は 個人負担に なります。
쇼쿠지다이와 코진후탄니 나리마스

249

😊 출발시간은요?

😀 오전 10시예요.

🙂 출발 15분전까지 동경역으로 오시면 됩니다.

😊 혹시 취소하면 어떻게 되나요?

🙂 출발시간 48시간 전까지 연락하셔야 되구요.

🙂 취소료로 20% 내셔야 됩니다.

😊 하코네 온천에는 어떻게 가죠?

😊 당일치기로 다녀올 수 있나요?

😊 어떤 코스가 있어요?

出発時間は?
しゅっぱつ じ かん
슛빠츠지칸와

午前 10時発です。
ご ぜん   じ はつ
고젠 쥬-지하츠데스

出発15分前までに 東京駅に いらっしゃってください。
しゅっぱつ   ふんまえ   とうきょうえき
슛빠츠쥬-고훈마에마데니 토-쿄-에끼니 이랏샷떼구다사이

もし、キャンセルした場合は どうなりますか?
ば あい
모시 캰세루시타 바아이와 도-나리마스까

出発48時間前までに 連絡されなくてはいけません。
しゅっぱつ   じ かんまえ   れんらく
슛빠츠 온쥬-하치지칸마에마데니 렌라쿠사레나쿠떼와 이케마셍

キャンセル料として 20%負担されなければいけません。
りょう   ふ たん
캰세루료-또시떼 니즛빠-센토 후탄사레나케레바 이케마셍

箱根温泉には どう 行きますか?
はこ ね おんせん   い
하코네 온센니와 도- 이키마스까

日帰りできますか?
ひ がえ
히가에리데키마스까

どんな コースが ありますか?
돈나 코-스가 아리마스까

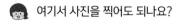

📍 사진촬영 ❶

여기서 사진을 찍어도 되나요?

네. / 아뇨, 여기는 촬영금지예요.

죄송하지만, 사진 좀 찍어 주세요.

이건 어떻게 하는 거죠?

여기를 누르기만 하면 됩니다.

좀 세게 눌러 주세요.

찍을게요. 치이즈!

한 장 더 찍어 주시겠어요?

필름이 다 된 것 같은데요.

MP3 111

ここで 写真 撮っても いいですか?
고꼬데 샤싱 톳떼모 이-데스까

はい。/ いいえ、ここは 撮影禁止です。
하이 / 이-에 고꼬와 사츠에-킹시데스

すみませんが、写真を 撮って 頂けますか?
스미마셍가 샤싱오 톳떼 이타다케마스까

これ、どう するんですか?
고레 도- 스룬데스까

ここを 押すだけで いいです。
고꼬오 오스다케데 이-데스

少し 強く 押してください。
스꼬시 츠요쿠 오시떼구다사이

撮りますよ。 はい、チーズ!
토리마스요   하이 치-즈

もう一枚 いいですか?
모-이치마이 이-데스까

フィルム 無くなった みたいですよ。
휘루무 나쿠낫따 미타이데스요

253

😊 필름 좀 주시겠어요?

🙂 몇 장짜리로 드릴까요?

😊 몇 장짜리가 있어요?

🙂 24, 36, 47장짜리 있는데요.

😊 24장짜리 두 개 주세요.

🙂 1,200엔입니다.

😊 폴라로이드 카메라 필름 주세요.

😊 흑백사진 필름 주세요.

😊 여기서 인화도 해 주나요?

MP3 112

フィルム 下さい。
휘루무 구다사이

何枚のを差し上げましょうか?
난마이노오 사시아게마쇼-까

何枚のが ありますか?
난마이노가 아리마스까

24 – 36 – 47枚が ありますよ。
니쥬-용 산쥬-로꾸 욘쥬-나나마이가 아리마스요

24枚のを 二つ 下さい。
니쥬-욘마이노오 후타츠 구다사이

1,200円です。
센니햐꾸엔데스

ポラロイドカメラの フィルム 下さい。
포라로이도카메라노 휘루무 구다사이

白黒(モノクロ)写真の フィルム 下さい。
시로쿠로(모노쿠로) 샤싱노 휘루무 구다사이

ここで プリントも してもらえますか?
고꼬데 푸린토모 시떼 모라에마스까

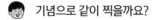 ## 사진촬영 ❸

기념으로 같이 찍을까요?

사진을 보내 드릴게요.

이 건물이 보이게 찍어 주세요.

주소를 가르쳐 주세요.

이것도 인연인데…

줌을 하려면 여기를 누르면 돼요.

촬영금지 / 출입금지

플래쉬가 안 터지네요.

필름 어디서 팔아요?

記念に 一緒に 撮りますか?

키넨니 잇쇼니 토리마스까

写真を 送りますね。

샤싱오 오쿠리마스네

この建物が 見える ように 撮ってください。

고노 타테모노가 미에루 요-니 톳떼구다사이

住所を 教えてください。

쥬-쇼오 오시에떼구다사이

これも 何かの 縁ですし…。

고레모 나니카노 엔데스시

ズームを する 時は ここを 押せば いいです。

즈-무오 스루 도끼와 고꼬오 오세바 이-데스

撮影禁止 / 立ち入り禁止

사츠에-킹시 / 타치이리킹시

フラッシュが たけません。

후랏슈가 타케마셍

フィルムは どこで 売っていますか?

휘루무와 도꼬데 웃떼이마스까

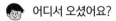
어디서 오셨어요?

한국에서 왔어요.

일본은 어떠세요?

깨끗해요.

물가가 아주 비싸요.

음식이 아주 맛있어요.

누구랑 같이 오셨어요?

친구들하고 왔어요.

일본은 처음이세요?

どちらから いらっしゃったんですか?
도치라카라 이랏샷딴데스까

韓国から 来ました。
캉코쿠카라 키마시타

日本は どうですか?
니홍와 도-데스까

きれいです。
키레-데스

物価が 高いです。
붓까가 타카이데스

食べ物が おいしいです。
타베모노가 오이시이데스

誰と 一緒に いらっしゃったんですか?
다레토 잇쇼니 이랏샷딴데스까

友達と 来ました。
토모다치토 키마시타

日本は 初めてですか?
니홍와 하지메떼데스까

네, 처음이에요.

여러 번 왔어요.

어디 어디 가 보셨어요?

오다이바하고 신주쿠를 가봤어요.

어땠어요?

생각보다 시시했어요.

아주 재미있었어요.

그럼 좋은 여행 되세요.

감사합니다.

관광

はい、初めてです。
하이 하지메떼데스

数回 来ました。
스-카이 키마시타

どこに 行かれましたか?
도꼬니 이카레마시타카

お台場と 新宿に 行きました。
오다이바토 신주쿠니 이키마시타

どうでしたか?
도-데시타까

思ったより 退屈でした。
오못따요리 타이쿠츠데시타

とても 楽しかったです。
도테모 타노시캇따데스

では、お気を つけて。
데와 오키오 츠케테

ありがとうございます。
아리가토-고자이마스

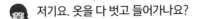

👩 저기요. 옷을 다 벗고 들어가나요?

👨 그럼요.

👩 좀 쑥스럽네요...

👨 수건으로 가리면 되죠, 뭐.

👩 그래도 익숙치가 않아서요.

👨 수건 드릴까요?

👩 네, 두 장 주세요.

👩 아뇨, 있어요.

👨 옷은 바구니에 담아 저쪽에 두세요.

MP3 116

すみません。服は 全部 脱いで 入るんですか?
스미마셍 후쿠와 젠부 누이데 하이룬데스까

そうですよ。
소-데스요

ちょっと 恥ずかしいですね。
춋또 하즈카시-데스네

タオルで 覆えば いいでしょう。
타오루데 오-에바 이-데쇼

それでも、慣れていないので…。
소레데모 나레테이나이노데

タオル あげましょうか?
타오루 아게마쇼-까

はい、2枚 下さい。
하이 니마이 구다사이

いいえ、あります。
이-에 아리마스

服は かごに 入れて あちらに 置いてください。
후쿠와 카고니 이레떼 아치라니 오이떼구다사이

263

관광

😊 그런데, 남녀 따로따로인가요?

😊 혼탕도 있어요.

😊 노천탕은 어디에 있어요?

😊 저기서 나가시면 돼요.

😊 은으로 된 귀금속은 변색하니까(알고 계세요.)

😊 여기 온천의 효능은 뭐예요?

😊 피부염과 신경통에 좋아요.

😊 온천계란(온천으로 삶은 달걀) 팔아요?

😊 유황냄새가 굉장하네요.

ところで、男女別々ですか?
도코로데 단죠 베츠베츠데스까

混浴も ありますよ。
콘요쿠모 아리마스요

露天風呂は どこに ありますか?
로텐부로와 도꼬니 아리마스까

あそこから 出られたら ありますよ。
아소코카라 데라레타라 아리마스요

銀(シルバー)類は 変色しますので、
긴(시루바-)루이와 헨쇼쿠시마스노데,

ここの 温泉の 効能は 何ですか?
고꼬노 온센노 코-노-와 난데스까

皮膚炎と 神経痛に いいですよ。
히후엔또 신케-츠-니 이이데스요

温泉たまごは 売って いますか?
온센타마고와 웃떼 이마스까

硫黄の 臭いが すごいですね。
이오-노 니오이가 스고이데스네

265

온천지에서 자주 쓰는 말

· 관절통	関節痛(かんせつつう)
· 남탕	男湯(おとこゆ)
· 노천온천	露天風呂(ろてんぶろ)
· 목욕탕	銭湯(せんとう)
· 류마티즘	リウマチ
· 변색	変色(へんしょく)
· 부인병	婦人病(ふじんびょう)
· 신경통	神経痛(しんけいつう)
· 신발을 신은 채로 들어가면 안 됨	土足禁止(どそくきんし)
· 여탕	女湯(おんなゆ)
· 온천에서 삶은 계란	温泉(おんせん)たまご
· 요통	腰痛(ようつう)
· 피부병	皮膚病(ひふびょう)
· 혼탕	混浴(こんよく)
· 효능	効能(こうのう)

11
즐기기

일본영화와 콘서트, 가부키, 골프 등 일본현지에서
즐길 수 있는 다양한 경험으로 특별한 순간을 만들어보세요!

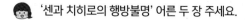

영화

👩 '센과 치히로의 행방불명' 어른 두 장 주세요.

👨 몇 시 것 드릴까요?

👩 몇 시에 있는데요?

👨 2시 45분, 5시, 8시 30분이 있는데요.

👩 그럼, 5시 걸로 주세요.

👨 3,600엔입니다.

👨 극장내는 금연입니다.

👨 죄송합니다. 매진되었습니다.

👨 저쪽 입구로 들어가세요.

「千と千尋の神隠し」を 大人 2枚 下さい。
「센토 치히로노 카미카쿠시」오 오토나 니마이 구다사이

何時のを 差し上げましょうか?
난지노오 사시아게마쇼-까

何時が ありますか?
난지가 아리마스까

2時 45分、5時、8時30分が ありますが。
니지욘쥬-고훈 고지 하치지산줏뿐가 아리마스가

では、5時のを 下さい。
데와 고지노오 구다사이

3,600円す。
산젠록빠쿠엔데스

館内は 禁煙と なっております。
칸나이와 킨엔토 낫떼 오리마스

申し訳ありません。売り切れました。
모-시와케아리마셍 우리키레마시타

あちらの 入口から お入りください。
아치라노 이리구치카라 오하이리구다사이

가부키를 보고 싶어요.

몇 시부터 상영되나요?

어떤 영화가 재미있어요?

음식물 반입금지

1인석밖에 없어요.

좋은 자리 남아 있어요?

통역을 해 주나요?

팜플렛을 하나 사고 싶어요.

표는 어디서 살 수 있어요?

歌舞伎が 見たいです。

카부키가 미타이데스

何時から 上映ですか?

난지카라 죠-에-데스까

どんな 映画が おもしろいですか?

돈나 에-가가 오모시로이데스까

飲食物 持ち込み 禁止

인쇼쿠부츠 모치코미 킹시

一人分の 席しか ありません。

히토리분노 세키시카 아리마셍

いい席は 残ってますか?

이-세키와 노콧떼마스까

通訳してくれますか?

츠-야쿠시테 쿠레마스까

パンフレットを 一部 買いたいです。

판후렛또오 이치부 카이타이데스

チケットは どこで 買えますか?

치켓또와 도꼬데 카에마스까

어땠어요?

내용이 어려웠어요.

대사가 빨랐어요.

멋있었어요.

무대가 화려했어요.

박력감이 있었어요.

의상이 특이했어요.

잘 못 알아들었어요.

따분했어요.

どうでしたか?
도-데시타까

内容が 難しかったです。
나이요-가 무즈카시캇따데스

台詞が 早かったです。
세리후가 하야캇따데스

かっこよかったです。
칵꼬요캇따데스

舞台が 派手でした。
부타이가 하데데시타

迫力が ありました。
하쿠료쿠가 아리마시타

衣装が 風変わりでした。
이쇼-가 후-가와리데시타

よく 聞き取れませんでした。
요쿠 키키토레마셍데시타

つまらなかったです。
츠마라나캇따데스

273

🔴 야구를 좀 보러 가고 싶은데요.

🔴 지금 시즌인가요?

🔴 네, 동경DOME(야구장)에 가시면 될 거예요.

🔴 저기요, 야구를 좀 보러 왔는데요.

🔴 몇 시부터예요?

🔴 6시부터입니다.

🔴 입장료는 얼마예요?

🔴 8,000엔입니다.

🔴 응원가를 좀 가르쳐 주세요.

野球を 見に 行きたいんですが。
야큐-오 미니 이키타인데스가

今 シーズン中ですか?
이마 시-즌츄-데스까

はい、東京ドームに 行かれたら いいと 思います。
하이 토-쿄-도-무니 이카레타라 이이또 오모이마스

すみません。野球を 見に きたんですが。
스미마셍   야큐-오 미니 키탄데스가

何時からですか?
난지카라데스까

6時からです。
로쿠지카라데스

入場料は いくらですか?
뉴-죠-료-와 이쿠라데스까

8,000円です。
핫센엔데스

応援歌を 教えてください。
오-엔카오 오시에떼구다사이

이 근처에 골프 연습장 있어요?

골프파크라는 곳에서 할 수 있는데요.

길을 좀 가르쳐 주실래요?

지도를 좀 그려 주시겠어요?

(골프장에서)

골프를 하고 싶은데요.

네, 몇 분이세요?

두 명요.

그럼, 여기에 좀 기입해 주시겠어요?

この 近くに ゴルフの 練習場は ありますか?
고노 치카쿠니 고루후노 렌슈-죠-와 아리마스까

ゴルフパークという 所が ありますが。
고루후파-크토유우 토코로가 아리마스가

道順を ちょっと 教えていただけますか?
미치즌오 촛또 오시에떼 이따다케마스까

地図を 描いていただけますか?
치즈오 카이떼 이따다케마스까

(ゴルフ場で)
고루후죠-데

ゴルフを したいんですが。
고루후오 시따인데스가

何名様ですか?
난메-사마데스까

二人です。
후따리데스

ここに ご記入 お願いします。
고꼬니 고키뉴-오네가이시마스

277

🗺 골프장에서 ❷

🧑 골프채를 빌릴 수 있나요?

🧑 네. 장갑 같은 것도 다 빌릴 수 있습니다.

🧑 모두 빌리는 데 얼마죠?

🧑 골프채는 무료구요,

🧑 다른 거는 여기 표기되어 있습니다.

🧑 물수건 있어요?

🧑 회원이세요?

🧑 식당은 어디에 있죠?

🧑 밖으로 나가시면 우측에 있습니다.

クラブを お借りすることは できますか?

쿠라부오 오카리스루 고토와 데키마스까

はい、手袋等も 全て レンタルできます。

하이 테부쿠로나도모 스베떼 렌타루데키마스

全て 借りる 場合は いくらですか?

스베테 카리루 바-이와 이쿠라데스까

クラブは 無料で、

쿠라부와 무료-데

他の ものは ここに 表記してあります。

호카노모노와 고꼬니 효-키시떼 아리마스

おしぼりは ありますか?

오시보리와 아리마스까

会員様ですか?

카이인사마데스까

食堂は どこに ありますか?

쇼쿠도-와 도꼬니 아리마스까

外に 出られて 右の 方に ございます。

소또니 데라레떼 미기노 호-니 고자이마스

즐기기

279

🧑 입장료는 얼마예요?

🧑 어른 2장, 어린이 하나요.

👮 10,000엔입니다. 필요하신 것 없으세요?

🧑 다 빌리고 싶은데요.

👮 그러면, 계산은 여기서 하시구요.

👮 옷이랑 장갑 등은 저기서 빌리시구요.

👮 스키하고 스톡은 안에 들어가서 빌리세요.

🧑 그런데 야간은 몇 시까지죠?

👮 야간은 1시까지예요.

🎧 MP3 124

入場料は いくらですか?
にゅうじょうりょう

뉴-죠-료-와 이쿠라데스까

大人 2枚、子供 1枚です。
おとな　　まい　　こども　まい

오토나 니마이 코도모 이치마이데스

1万円です。必要な 物は ございませんか?
まんえん　　　ひつよう　もの

이치만엔데스　　히츠요-나 모노와 고자이마셍까

즐기기

全て レンタルしたいんですが。
すべ

스베떼 렌타루시타인데스가

でしたら、まず 計算を ここで 済まされた 後に
けいさん　　　　す　　　　　あと

데시타라、마즈 케-산오 고꼬데 스마사레타 아토니

ウェア・手袋等は あそこで お借りください。
て ぶくろなど　　　　　　　　か

웨아 테부쿠로나도와 아소꼬데 오카리구다사이

板と ストックは 中に 入られて お借りください。
いた　　　　　　なか　はい　　　　　か

이타또 수톡꾸와 나카니 하이라레떼 오카리구다사이

ところで、夜は 何時までですか?
よる　なんじ

도코로데 요루와 난지마데데스까

ナイターは 1時までです。
じ

나이타-와 이치지마데데스

281

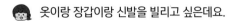

스키장에서 ❷

옷이랑 장갑이랑 신발을 빌리고 싶은데요.

키가 얼마나 되세요?

165센치정도예요.

신발 사이즈는요?

235센치요.

초보자용 스키장은 있어요?

네, 여기는 5가지 코스가 있어요.

오른쪽으로 가시면 초보자코스구요.

왼쪽으로 가시면 최상급코스입니다.

🎧 **MP3** 125

ウェアと 手袋と 靴を 借りたいんですが。
웨아또 테부쿠로또 쿠츠오 카리타인데스가

身長は どのくらいですか?
신쵸-와 도노구라이데스까

165センチくらいです。
햐꾸로쿠쥬-고센치구라이데스

즐
기
기

靴の サイズは?
쿠츠노 사이즈와?

23.5センチです。
니쥬-산텐고센치데스

初心者用の ゲレンデは ありますか?
쇼신샤요-노 게렌데와 아리마스까

はい。 ここには 5コースが あります。
하이　　고꼬니와 고코-스가 아리마스

右に 行かれたら ビギナーコースです。
미기니 이카레타라 비기나-코-스데스

左に 行かれたら 最上級コースです。
히다리니 이카레타라 사이죠-큐-코-스데스

🧑 옷 갈아입는 데는 어디죠?

🧑 동전으로 좀 바꿔 주세요.

🧑 리프트를 타다가 모자가 떨어졌는데요.

🧑 보관함은 얼마예요?

🧑 스키장갑은 구입하셔야 합니다.

🧑 식당은 어디에 있어요?

🧑 호텔에서 스키장까지 얼마나 걸려요?

🧑 걸어서 5분 정도 걸려요.

🧑 차로 10분 정도 걸려요.

着替える 所は どこに ありますか?
키가에루 도코로와 도꼬니 아리마스까

小銭に 替えてください。
코제니니 카에떼구다사이

リフトに 乗っている 時、帽子が 落ちたんですが。
리후토니 놋떼이루 도끼 보-시가 오치탄데스가

ロッカーは いくらですか?
록까-와 이쿠라데스까

手袋は 購入されなければ なりません。
테부쿠로와 코-뉴-사레나케레바 나리마셍

食堂は どこに ありますか?
쇼쿠도-와 도꼬니 아리마스까

ホテルから ゲレンデまで どのくらい かかりますか?
호테루카라 게렌데마데 도노 구라이 카카리마스까

歩いて 5分くらいです。
아루이떼 고훈구라이데스

車で 10分くらいです。
구루마데 줏뿐구라이데스

285

📍 게임센터에서(환전) ❶

🧑‍🦰 동전교환기는 어디죠?

🧑 저기 있습니다.

🧑‍🦰 만엔짜리를 바꾸고 싶은데요.

🧑 만엔짜리는 카운터에 가서 바꾸셔야 됩니다.

(카운터에서)

🧑‍🦰 만엔짜리 좀 바꿔 주세요.

🧑 네, 어떻게 바꿔 드릴까요?

🧑 5,000엔짜리 넣어서 드릴까요?

🧑‍🦰 전부 1,000엔짜리로 주세요.

両替機は どこですか。
りょうがえ き
료-가에키와 도꼬데스까

あそこです。
아소꼬데스

1万円札を くずしたいのですが。
まんえんさつ
이치만엔사츠오 쿠즈시따이노데스가

1万円は カウンターで 両替されてください。
まんえん　　　　　　　　　　　　りょうがえ
이치만엔와 카운타-데 료-가에사레떼구다사이

(カウンターで)
카운타-데

1万円札を 両替してください。
まんえんさつ　　りょうがえ
이치만엔사츠오 료-가에시떼구다사이

はい、どのように 両替いたしましょうか?
りょうがえ
하이 도노요-니 료-가에이타시마쇼-까

5千円札が 入っても いいですか?
せんえんさつ　　はい
고센엔사츠가 하잇떼모 이-데스까

全部 千円札で お願いします。
ぜんぶ　せんえんさつ　　ねが
젠부 센엔사츠데 오네가이시마스

287

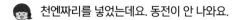
천엔짜리를 넣었는데요. 동전이 안 나와요.

막힌 것 같군요.

저기요. 돈을 넣었는데 안 움직이거든요.

좀 봐 주시겠어요?

얼마 넣으셨습니까?

300엔요.

잠시만요. 열어 볼게요.

막혔네요. 수리해야 되겠는데요.

죄송합니다. 300엔 돌려 드리겠습니다.

千円札を 入れたんですが、小銭が 出てきません。
센엔사츠오 이레딴데스가 코제니가 데떼키마셍

つまったみたいですね。
츠맛따미따이데스네

すみません。お金を 入れたんですが、動きません。
스미마셍　　　　오카네오 이레탄데스가 우고키마셍

ちょっと 見ていただけますか?
촛또 미떼 이타다케마스까

いくら 入れられましたか?
이쿠라 이레라레마시타까

三百円です。
삼뱌쿠엔데스

少々 お待ちください。見てみます。
쇼-쇼- 오마치구다사이　　　미떼미마스

つまってますね。修理が 必要です。
츠맛떼마스네　　　슈-리가 히츠요-데스

申し訳ありません。三百円お返しいたします。
모-시와케아리마셍　　　삼뱌쿠엔 오카에시이타시마스

즐기기

극장에서 자주 쓰는 말

· 가부키	歌舞伎(かぶき)
· 감독	監督(かんとく)
· 객석	客席(きゃくせき)
· 낮공연	日中公演(にっちゅうこうえん)
· 당일권	当日券(とうじつけん)
· 대사	台詞(せりふ)
· 뒷좌리	後部座席(こうぶざせき)
· 매진	売(う)り切(き)れ
· 매표소	チケット売(う)り場(ば)
· 무대	舞台(ぶたい)
· 상영	上映(じょうえい)
· 앞자리	前部座席(ぜんぶざせき)
· 연극	演劇(えんげき)
· 연주회	演奏会(えんそうかい)
· 영화	映画(えいが)

· 예고	予告(よこく)
· 예매권	前売(まえう)り券(けん)
· 의상	衣裳(いしょう)
· 입구	入口(いりぐち)
· 입석	立(た)ち見(み)
· 입장료	入場料(にゅうじょうりょう)
· 좌석배치도	座席表(ざせきひょう)
	座席配置図(ざせきはいちず)
· 주연	主演(しゅえん)
· 지정석	指定席(していせき)
· 출구	出口(でぐち)
· 통로석	通路席(つうろせき)
· 통역	通訳(つうやく)
· 팜플렛	パンフレット
· 화제작	話題作(わだいさく)

스키장, 경기장 등에서 자주 쓰는 말

· 강습	講習(こうしゅう)
· 경기시작	プレー開始(かいし)
· 경기장	競技場(きょうぎじょう)
· 고글	ゴーグル
· 골프장	ゴルフ場(じょう)
· 골프채	クラブ
· 공	ボール
· 급경사	急傾斜(きゅうけいしゃ)
· 눈사태 주의	雪崩れ注意(なだれちゅうい)
· 리프트	リフト
· 매점	売店(ばいてん)
· 모자	帽子(ぼうし)
· 보관함	ロッカー
· 샅바	まわし
· 선수	選手(せんしゅ)

· 스모	相撲(すもう)
· 스모선수	力士(りきし)
· 스키	スキー
· 스키	スキー板(いた)
· 스키바지	ズボン
· 스키신발	靴(くつ)
· 스키장	ゲレンデ
· 스키장갑	手袋(てぶくろ)
· 스톡	ストック
· 씨름판	土俵(どひょう)
· 앞쪽에 벼랑 있음	この先(さき)崖(がけ)あり
· 야구	野球(やきゅう)
· 응원가	応援歌(おうえんか)
· 입장권	入場券(にゅうじょうけん)
· 축구	サッカー

오락실에서 자주 쓰는 말

· 가위	ハサミ
· 게임	ゲーム
· 결정	決定(けってい)
· 경품	景品(けいひん)
· 고장중	故障中(こしょうちゅう)
· 누르다	押(お)す
· 동전교환기	両替機(りょうがえき)
· 빠칭코	パチンコ
· 선택	選択(せんたく)
· 수리중	修理中(しゅうりちゅう)
· 오락실(게임센터)	ゲームセンター
· 500엔만(사용가능)	500円玉(えんだま)のみ
· 취소	キャンセル
· 카운터	カウンター
· 풀	のり

12
트러블

사고나 질병, 여권분실 등 곤란한 상황에서
꼭 필요한 표현들을 익혀보아요.

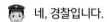 **교통사고 ❶**

👮 네, 경찰입니다.

👧 교통사고가 났어요. 빨리 오세요.

👩 횡단보도를 건너던 사람이 차에 부딪혔어요.

👮 다친 사람은?

👧 잘 모르겠어요.

👩 운전하던 사람은 다치지 않았습니다.

👩 머리를 심하게 부딪힌 것 같아요.

👧 피를 흘려요.

👩 의식이 없나 봐요.

はい、警察です。
하이 케-사츠데스

交通事故が 起きました。早く 来てください。
코-츠-지코가 오키마시타   하야쿠 키떼구다사이

横断歩道を 渡っていた 人が 車に ぶつかりました。
오-단호도-오 와탓떼이타히토가 쿠루마니 부츠카리마시타

ケガした 人は?
케가시타 히토와?

よく 分かりません。
요쿠 와카리마셍

運転していた 人は、ケガは しませんでした。
운텐시테이타 히토와 케가와 시마셍데시타

頭を 強く 打ったようです。
아타마오 츠요쿠 웃따 요-데스

血を 流しています。
치오 나가시떼 이마스

意識が ありません。
이시키가 아리마셍

297

🧑‍✈️ 구급차는 불렀어요?

👩 네. / 아뇨, 아직요.

🧑‍✈️ 그럼, 먼저 구급차를 부르세요.

🧑‍✈️ 119에는 이쪽에서 연락을 하겠습니다.

👩 저는 어떡하죠?

🧑‍✈️ 우선 응급처치를 하도록 하세요.

🧑‍✈️ 인공호흡을 해 주세요.

🧑‍✈️ 다친 사람을 함부로 움직이지 않도록 하세요.

👩 네, 알겠습니다.

🎧 MP3 130

救急車は 呼びましたか?
큐-큐-샤와 요비마시타까

はい。 / いいえ、 まだ。
하이 / 이-에 마다

では まず 救急車を 呼んでください。
데와 마즈 큐-큐-샤오 욘데구다사이

119には こちらから 連絡します。
햐꾸쥬-큐-니와 고치라카라 렌라쿠시마스

私は どうしたら…。
와타시와 도-시타라

とりあえず、 応急処置を とるようにしてください。
토리아에즈 오-큐-쇼치오 토루요-니 시떼구다사이

人工呼吸を してください。
진코-코큐-오 시떼구다사이

ケガした 人を むやみに 動かさないように してください。
케가시타 히토오 무야미니 우고카사나이 요-니 시떼구다사이

はい、 わかりました。
하이 와카리마시타

트러블

 **교통사고 ③**

경찰을 불러 주세요.

제가 같이 가겠습니다.

구급차를 불러 주세요.

사진을 찍어 두겠습니다.

숨은 쉬고 있는 것 같아요.

안전한 곳으로 옮깁시다.

정신 차리세요.

제 목소리 들리세요?

하나, 둘, 셋 !

MP3 131

けいさつ よ
警察を 呼んでください。
케-사츠오 욘데 구다사이

わたし いっしょ い
私が 一緒に 行きます。
와타시가 잇쇼니 이키마스

きゅうきゅうしゃ よ
救急車を 呼んでください。
큐-큐-샤오 욘데 구다사이

しゃしん と
写真を 撮っておきます。
샤싱오 톳떼 오키마스

いき
息は している みたいです。
이키와 시떼이루 미타이데스

あんぜん ところ はこ
安全な 所に 運びましょう。
안젠나 도코로니 하코비마쇼-

しっかりしてください。
식까리시떼구다사이

わたし こえ き
私の 声が 聞こえますか?
와타시노 코에가 키코에마스까

いち, に, さんっ!
이치 니 상

트러블

301

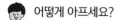
어떻게 아프세요?

어제 밤부터 계속 설사를 하거든요.

어제 뭘 드셨는지 기억 나세요?

점심은 돈까스, 저녁은 초밥과 회를 먹었어요.

회는 어떤 것이 있었어요?

음~, 참치, 도미, 문어, 오징어, 굴이에요.

회가 원인인 것 같네요.

가벼운 배탈이에요.

약을 드릴테니까 식후에 복용하도록 하세요.

どうされましたか?
도-사레마시타까

昨日の 夜から 下痢なんですが。
키노-노 요루카라 게리난데스가

昨日は 何を 食べたか おぼえていますか?
키노-와 나니오 타베타까 오보에떼 이마스까?

昼は トンカツ、夜は お寿司と お刺し身です。
히루와 톤까츠 요루와 오스시또 오사시미데스

刺身には どんな ものが ありましたか?
사시미니와 돈나 모노가 아리마시타까

えっと、まぐろ・たい・たこ・いか・かきです。
엣또 마구로 타이 타코 이카 카키데스

どうも 刺身が 原因みたいですね。
도-모 사시미가 겡인미타이데스네

軽い 食あたりですね。
카루이 쇼쿠아타리데스네

薬を 出しますので 食後に 服用してください。
쿠스리오 다시마스노데 쇼쿠고니 후쿠요-시떼 구다사이

303

가려워요.

감기기운이 있어요.

다리를 삐었어요.

두드러기가 났어요.

뜨거운 물에 데였어요.

목이 아파요.

배가 아파요.

부어 있어요.

생리중이에요.

かゆいです。
카유이데스

カゼ気味です。
카제기미데스

足を くじきました。
아시오 쿠지키마시타

蕁麻疹が でました。
진마신가 데마시타

熱湯で 火傷しました。
넷또-데 야케도시마시타

喉が 痛いです。
노도가 이타이데스

おなかが 痛いです。
오나카가 이타이데스

はれています。
하레떼 이마스

生理中です。
세-리츄-데스

트러블

305

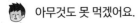
증상에 대해 ❷

아무것도 못 먹겠어요.

어지러워요.

열이 나요.

임신중이에요.

체기가 있어요.

코가 막혀요.

코피가 나요.

피를 토했어요.

하혈이 너무 심해요.

MP3 134

何も 食べられそうに ありません。
나니모 타베라레소-니 아리마셍

目まいが します。
메마이가 시마스

熱が あります。
네츠가 아리마스

妊娠中です。
닌신츄-데스

軽い 食もたれです。
카루이 쇼쿠모타레데스

鼻づまりです。
하나즈마리데스

鼻血が 出ます。
하나지가 데마스

吐血しました。
토케츠시마시타

下血が ひどいです。
게케츠가 히도이데스

트러블

📍 아이가 없어졌다

😊 아이가 없어졌는데요.

😊 좀 찾아 주시겠어요?

😀 네, 방송을 해서 찾아보도록 하겠습니다.

😀 자녀분 이름은요?

😊 김 유리예요. 5살이구요. 여자 아이예요.

😀 옷차림은요?

😊 위에는 흰색, 아래는 핑크색 치마를 입었어요.

😀 잠시만 기다리세요. 방송해 보겠습니다.

😀 지금 연락이 왔는데요. 찾았다고 합니다.

子供が いなくなりました。
코도모가 이나쿠나리마시타

探していただけますか?
사가시테 이타다케마스까

はい、放送で 探してみるように いたします。
하이 호-소-데 사가시테미루요-니 이타시마스

お子様の お名前は?
오코사마노 오나마에와

キムユリ、5歳の 女の子です。
기무유리 고사이노 온나노 코데스

服装は?
후쿠소-와

上は 白で、下は ピンクのスカートです。
우에와 시로데 시타와 핑크노 스카-토데스

少々 お待ちください。 放送を 流します。
쇼-쇼-오마치구다사이   호-소-오 나가시마스

今 連絡が 来まして、見つかったそうです。
이마 렌라쿠가 키마시테 미츠갓따소-데스

📍 여권을 잃어버렸다

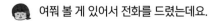 여쭤 볼 게 있어서 전화를 드렸는데요.

여권을 잃어버린 것 같거든요.

어떻게 해야 되나요?

📞 한국대사관에 가셔서 재발급하셔야 돼요.

혹시 한국대사관 전화번호를 아세요?

📞 3452-7611이에요.

다시 말씀해 주세요.

📞 3452-7611요.

네, 알겠습니다. 고맙습니다.

MP3 136

お尋ねしたいことが あって、お電話したんですが。
오타즈네시타이 고토가 앗떼 오뎅와시탄데스가

パスポートを なくしたのですが。
파스포-토오 나쿠시타노데스가

どうしたら いいですか?
도-시타라 이-데스까

韓国大使館に 行って 再発給されなければ なりません。
캉코쿠타이시칸니이카레테 사이학뀨-사레나케레바 나리마셍

韓国大使館の 電話番号 ご存じですか?
캉코쿠타이시칸노 뎅와방고- 고존지데스까

3452 - 7611です。
상용고니-노 나나로꾸이치이치데스

もう一度 よろしいですか?
모-이치도 요로시이데스까

3452 - 7611です。
상용고니-노 나나로꾸이치이치데스

はい、ありがとうございました。
하이 아리가토-고자이마시타

트러블

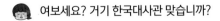
여권재발행

🧑 여보세요? 거기 한국대사관 맞습니까?

📞 네 그런데요.

🧑 여권을 잃어버린 것 같거든요.

🧑 신청할 때 필요한 것은 뭐가 있습니까?

📞 분실증명서, 주민등록증, 여권용 사진 두 장요.

🧑 분실증명서요?

📞 네, 그건 경찰서에 신청하셔야 합니다.

🧑 얼마나 걸릴까요?

📞 신청하신 다음 날에는 발급됩니다.

もしもし、韓国大使館ですか?
모시모시 캉코쿠타이시칸데스까

はい、そうですが。
하이 소-데스가

パスポートを なくしたんですが。
파스포-토오 나쿠시딴데스가

申請する 際、必要な 物は 何ですか?
신세-스루 사이 히츠요-나 모노와 난데스까?

POLICE REPORT・住民登録証・写真2枚です。
포리스 레포-토 쥬-민토-로쿠쇼- 샤싱 니마이데스

POLICE REPORTですか?
포리스 레포-토데스까

はい、それは 警察署で 申請しなければなりません。
하이 소레와 케-사츠쇼데 신세-시나케레바 나리마셍

(期間は)どの くらい かかりますか?
(키캉와) 도노 구라이 카카리마스까?

翌日には できますよ。
요쿠지츠니와 데키마스요

313

😊 저기요. 좀 여쭤볼 게 있는데요.

😊 P호텔까지 가는 방법을 좀 가르쳐 주시겠어요?

👴 저도 잘 모르겠거든요.

👴 저기 있는 파출소에 한 번 가 보세요.

😊 아, 그럴게요. 감사합니다.

　　<파출소에서>

😊 길을 좀 잃었는데요,

👮 어디 가시는데요?

😊 P호텔까지 가는 방법을 좀 가르쳐 주시겠어요?

すみません。 ちょっと お尋^{たず}ねします。
스미마셍　　촛또 오타즈네시마스

Pホテルまでの 道順^{みちじゅん}を 教^{おし}えて 頂^{いただ}けますか?
피 호테루마데노 미치쥰오 오시에떼 이타다케마스까

さぁ、私^{わたし}も よく わからないので、
사- 와타시모 요쿠 와카라나이노데

あそこにある 交番^{こうばん}に 行^いかれてみては どうですか?
아소코니아루 코-반니 이카레테미테와 도-데스까

はい、ありがとうございました。
하이 아리가토-고자이마시타

<派出所^{は しゅっしょ}で>
하슈츠쇼데

道^{みち}に 迷^{まよ}ったのですが。
미치니 마욧따노데스가

どちらに 行^いかれますか。
도치라니 이카레마스까

Pホテルまでの 行^いき方^{かた}を 教^{おし}えて 頂^{いただ}けますか?
피호테루마데노 이키카타오 오시에떼 이타다케마스까

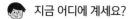

자신의 위치를 알려줄 때

😊 지금 어디에 계세요?

😊 가까운 곳에 '미쯔코시백화점'이 있어요.

😊 공원 안에 있는 벤치에 앉아 있어요.

😊 동경역 앞이에요.

😊 동경타워입구예요.

😊 레스토랑 안에 먼저 들어왔어요.

😊 여기서 '후지방송국'이 보입니다.

😊 '타카시마야'라고 써 있는 빌딩이 있습니다.

😊 표지에 아카사카라고 있습니다.

今 どちらですか?
이마 도치라데스까

近くに「三越デパート」が あります。
치카쿠니 「미츠코시데파-토」가 아리마스

公園の 中に ある ベンチに 座っています。
코-엔노 나카니 아루 벤치니 스왓떼이마스

東京駅前です。
토-쿄-에키마에데스

東京タワーの 入口です。
토-쿄-타와-노 이리구치데스

先に レストランに 入りました。
사키니 레스토랑니 하이리마시타

ここから「フジテレビ」が 見えます。
고꼬카라 「후지테레비」가 미에마스

「高島屋」と 書いてある ビルが あります。
「타카시마야」토 카이떼아루 비루가 아리마스

標識に 赤坂と あります。
효-시키니 아카사카또 아리마스

강도예요.

경찰을 불러 주세요.

구급차를 불러 주세요.

급해요.

기절했어요.

누군가 계속 뒤를 따라와요.

도와 주세요.

물에 빠졌어요.

빨리요.

MP3 140

ごうとう
強盗です。
고-토-데스

けいさつ　よ
警察を 呼んでください。
케-사츠오 욘데 구다사이

きゅうきゅうしゃ　よ
救急車を 呼んでください。
큐-큐-샤오 욘데 구다사이

いそ
急ぎです。
이소기데스

き ぜつ
気絶しています。
키제츠시떼이마스

だれ
誰かに つけられています。
다레카니 츠케라레테이마스

て つだ　　　　　　　　たす
手伝ってください。/ 助けてください。
테츠닷떼구다사이 / 타스케떼구다사이

みず　なか　お
水の 中に 落ちました。
미즈노 나카니 오치마시타

はやく。
하야꾸

트러블

319

📍 긴급상황 ❷

😣 사람을 불러 주세요.

😣 사람이 날뛰고 있습니다.

😣 사람이 다쳤어요.

😣 서둘러 주세요.

😣 싸우고 있습니다.

😣 쓰러졌어요.

😣 아이가 물에 빠졌어요.

😣 지진입니다.

😣 화재가 발생했습니다.

320

人を 呼んでください。
<small>ひと よ</small>
히토오 욘데구다사이

人が 暴れています。
<small>ひと あば</small>
히토가 아바레떼이마스

人が ケガしました。
<small>ひと</small>
히토가 케가시마시타

急いで ください。
<small>いそ</small>
이소이데 구다사이

喧嘩しています。
<small>けん か</small>
켄카시떼이마스

倒れています。
<small>たお</small>
타오레떼이마스

子供が 溺れています。
<small>こ ども おぼ</small>
코도모가 오보레떼이마스

地震です。
<small>じ しん</small>
지신데스

火災が 発生しました。
<small>か さい はっせい</small>
카사이가 핫세-시마시타

🧒 걱정하지 마세요.

🧒 놀라셨지요?

🧒 도와드릴까요?

🧒 안심하세요.

🧒 이제 괜찮을 거예요.

🧒 정신 차리세요.

🧒 제가 곁에 있을게요.

🧒 제가 도와드릴게요.

🧒 진정하세요.

MP3 142

しんぱい
心配しないでください。
심빠이시나이데 구다사이

びっくりしたでしょう?
빗꾸리시타데쇼-

たす
お助けいたしましょうか?
오타스케이타시마쇼-까

あんしん
安心してください。
안신시떼구다사이

だいじょうぶ
もう 大丈夫ですよ。
모- 다이죠-부데스요

しっかりしてください。
식까리시떼구다사이

わたし
私が そばに いますから。
와타시가 소바니 이마스카라

わたし　て つだ
私が 手伝いますから。
와타시가 테츠다이마스카라

お　つ
落ち着いてください。
오치츠이떼쿠다사이

트
러
블

323

내가 이런 일을 당할 줄 몰랐어요.

목격자를 찾아야 해요.

바가지를 썼어요.

밤길은 조심하셔야 합니다.

사기를 당했어요.

살다 보면 그럴 수도 있죠.

세상이 워낙 험해서요.

신세 많이 졌습니다. (도와 준 사람에게)

이제 돈이 한 푼도 없어요.

私が こんな 目に 遭うとは 思わなかった。
와타시가 곤나 메니 아우또와 오모와나캇따

目撃者を 探さなければ いけません。
모쿠게키샤오 사가사나케레바 이케마셍

ぼられました。
보라레마시타

夜道は 気を つけなければ いけません。
요미치와 키오 츠케나케레바 이케마셍

詐欺に あいました。
사기니 아이마시타

生きていれば そんな 事も あるでしょう。
이키떼이레바 손나 고토모 아루데쇼-

世の中が あまりにも 険しくて。
요노나카가 아마리니모 케와시쿠떼

どうも お世話に なりました。
도-모 오세와니 나리마시타

一文無しです。
이치몬나시데스

325

사고, 긴급상황에 필요한 말

·강도	強盗(ごうとう)
·경찰	警察(けいさつ)
·교통사고	交通事故(こうつうじこ)
·구급차	救急車(きゅうきゅうしゃ)
·기절하다	気絶(きぜつ)する
·목격자	目撃者(もくげきしゃ)
·물에 빠지다	溺(おぼ)れる
·뺑소니	引(ひ)き逃(に)げ
·사기	詐欺(さぎ)
·살인사건	殺人事件(さつじんじけん)
·소매치기	すり
·싸움	ケンカ
·응급처치	応急処置(おうきゅうしょち)
·인공호흡	人工呼吸(じんこうこきゅう)
·파출소	派出所(はしゅつしょ)/交番(こうばん)

13
홈스테이

일본의 가정에 머물면서 현지 생활을 체험해보세요.

이렇게 하면 일본을 더 가깝게 느낄 수 있답니다.

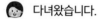

다녀왔습니다.

어서 와. (이제 오니?)

안녕하세요. 김하나라고 합니다.

1주일동안 잘 부탁드리겠습니다.

하나코의 엄마예요. 어서 들어와요.

실례하겠습니다.

일본의 가정집에는 처음 와 봐요.

넓지는 않지만 편하게 지내요.

네, 감사합니다.

MP3 144

ただいま。
타다이마

おかえり。
오카에리

こんにちは。キムハニと 申します。
곤니치와　기무하니또 모-시마스

1週間 よろしく お願いします。
잇슈-캉 요로시쿠 오네가이시마스

はなこの 母です。さぁ、お上がりください。
하나코노 하하데스　사- 오아가리구다사이

おじゃまします。
오쟈마시마스

日本の 家庭に お邪魔するのは 初めてです。
니혼노 카테-니 오쟈마스루노와 하지메떼데스

せまい 所だけど、ゆっくりしてね。
세마이 도코로다케도 육꾸리시떼네

はい、ありがとうございます。
하이 아리가토-고자이마스

홈스테이

329

이 방은 무슨 방이에요?

여기는 다다미방이에요.

일본 집은 어때요?

아담한 것 같아요.

바닥이 나무로 되어 있어서 그런지 좀 춥네요.

집이 나무로 되어 있어서 작은 소리도 울리네요.

목욕실이랑 화장실이 따로 있어서 편해요.

고층 아파트보다 단독주택이 많은 것 같아요.

주위가 참 조용해서 좋아요.

♫ MP3 145

この 部屋は 何の 部屋ですか?

고노 헤야와 난노 헤야데스까

ここは 座敷ですよ。

고꼬와 자시키데스요

日本の 家は どうですか?

니혼노 이에와 도-데스까

こじんまりとしていますね。

코진마리토시떼이마스네

床が 木で できているから 少し 冷えますね。

유카가 키데 데키떼이루카라 스꼬시 히에마스네

家が 木だから 小さな 音も 響きますね。

이에가 키다카라 치-사나 오토모 히비키마스네

お風呂場と トイレが 別々にあるので 便利です。

오후로바토 토이레가 베츠베츠니 아루노데 벤리데스

高層マンションより 一軒家が 多いですね。

고-소-만숀요리 잇켄야가 오-이데스네

周囲が 静かで いいです。

슈-이가 시즈카데 이-데스

홈스테이

331

😊 많이 드세요.

😊 잘 먹겠습니다.

😊 너무 맛있어요. 이건 뭐예요?

😊 그건 오코노미야끼예요.

😊 이 접시에 덜어서 먹는 거예요?

😊 네, 소스는 여기 있어요.

😊 저것도 맛있겠다 !!

😊 무리해서 안 먹어도 되니까요.

😊 잘 먹었습니다.

たくさん 召し上がってください。
닥상 메시아갓떼구다사이

いただきます。
이타다키마스

とても おいしいです。 これは 何ですか?
토테모 오이시-데스　　　　고레와 난데스까

それは お好み焼きです。
소레와 오코노미야끼데스

この お皿に 取って 食べるのですか?
고노 오사라니 톳떼 타베루노데스까

ええ、ソースは ここに あるからね。
에- 소-스와 고꼬니 아루카라네

あれも おいしそう!!
아레모 오이시소-

無理して 食べなくても いいから。
무리시떼 타베나쿠떼모 이-카라

ごちそうさまでした。
고치소-사마데시타

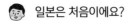

😀 일본은 처음이에요?

👩 네. / 몇 번 왔습니다.

😀 어때요?

👩 가 볼 만한 곳이 많아요.

👩 깨끗하고요, 사람들이 친절해요.

👩 물가가 너무 비싸요.

👩 밤거리가 번화해요.

👩 교통이 편리해요.

👩 음식이 맛있어요.

日本は 初めてですか?
니홍와 하지메테데스까

はい。/ 数回 来た 事が あります。
하이 / 스-카이 키타 고토가 아리마스

どうですか?
도-데스까

見る 所が 多いです。
미루 도코로가 오-이데스

きれいで、みなさん とても 親切です。
키레-데 미나상 토테모 신세츠데스

物価が とても 高いです。
북까가 토테모 타카이데스

夜の 街が にぎやかです。
요루노 마치가 니기야카데스

交通が 便利です。
코-츠-가 벤리데스

食べ物が おいしいです。
다베모노가 오이시이데스

홈
스
테
이

MP3 147

335

😀 음식은요?

😊 입에 맞아요. / 맛있어요.

😊 음식은 좀 짠 게 많은 것 같아요.

😊 양이 너무 적어요.

😀 꼭 가 보고 싶은 곳이 있나요?

😊 후지산이에요. 한 번 가 보고 싶어요.

😊 정상까지 올라가서 일본을 내려다보고 싶어요.

😊 온천에 가보고 싶어요.

😊 배낭을 메고 전국일주를 하고 싶어요.

食べ物は?
た　もの
타베모노와

口に 合います。 / おいしいです。
くち　あ
쿠치니 아이마스 / 오이시-데스

食べ物は ちょっと 塩辛いような 気がします。
た　もの　　　　　しおから　　　　　　き
타베모노와 춋또 시오카라이요-나 키가시마스

量が 少ないです。
りょう　すく
료-가 스쿠나이데스

ぜひ 行ってみたい 所は ありますか?
い　　　　　ところ
제히 잇떼 미타이 도코로와 아리마스까

富士山です。 一度 行ってみたいです。
ふ　じ　さん　　　　　いち ど　い
후지산데스　　　　　이치도 잇떼미타이데스

頂上まで 登って 日本を 見下してみたいです。
ちょうじょう　　のぼ　　に ほん　み おろ
쵸-죠-마데 노봇떼 니홍오 미오로시떼 미타이데스

温泉に 行ってみたいです。
おんせん　い
온센니 잇떼 미타이데스

リュックを 担いで 全国一周を したいです。
かつ　　ぜんこくいっしゅう
륙쿠오 카츠이데 젠코쿠잇슈-오 시타이데스

목욕할 때

먼저 씻어요.

그럼, 먼저 하겠습니다.

욕조에 물을 받아 놨어요.

네, 감사합니다.

(목욕 후)먼저 씻었습니다.

욕조에 받아 놓은 물은 버려야 되나요?

아뇨, 그대로 놔 둬요.

그럼, 다 같은 물을 쓰는 거예요?

네, 이게 일본에서의 목욕 방식이죠.

お先に どうぞ。
오사키니 도-조

では お先に。
데와 오사키니

浴槽に お湯を はっておきましたからね。
요쿠소-니 오유오 핫떼 오키마시타카라네

はい、ありがとうございます。
하이 아리가토-고자이마스

お先しました。
오사키시마시타

浴槽の お湯は 捨てないと いけませんか?
요쿠소-노 오유와 스테나이또 이케마셍까

その ままに しておいて。
소노 마마니 시떼오이떼

みんな 同じ お湯を 使うという 事ですか?
민나 오나지 오유오 츠카우또유-고토데스까

ええ、これが 日本の 入浴方法なのよ。
에- 고레가 니혼노 뉴-요쿠호-호-나노요

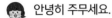
안녕히 주무세요.

잘자요.

<방에서>

일본에서는 어떤 TV 프로가 인기가 있어요?

드라마나 바라이어티가 인기 있어요.

오늘은 많이 피곤했지요? 푹 쉬어요.

불 끌게요.

내일은 우리 동네를 안내해 줄게요.

네, 잘 자요.

おやすみなさい。
오야스미나사이

おやすみ。
오야스미

<部屋で>
헤야데

日本では どんな 番組が 人気が ありますか?
니혼데와 돈나 반구미가 닌키가 아리마스까

ドラマや バラエティーが 人気が あります。
도라마야 바라에티-가 닌키가 아리마스

今日は 疲れたでしょう? ゆっくり 休んでね。
쿄-와 츠카레타데쇼- 육꾸리 야슨데네

電気 消すよ。
덴키 케스요

明日は 私の 町を 案内して あげるね。
아시타와 와타시노 마치오 안나이시떼 아게루네

うん、おやすみ。
응 오야스미

홈스테이

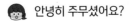 ## 아침에

안녕히 주무셨어요?

잘 잤어요?

아침을 먹어요.

그 전에 좀 세수하고 올게요.

그래요.

여기 있는 수건 써도 돼요?

네, 거기 선반 안에 있죠?

밥이 식으니까 빨리 씻고 와요.

네, 금방 가겠습니다.

おはようございます。
오하요-고자이마스

おはよう。
오하요-

ご飯 どうぞ。
고항 도-조

その 前に 顔を 洗って 来ます。
소노 마에니 카오오 아랏떼키마스

そう。
소-

ここに ある タオル 使ってもいいですか?
고꼬니 아루 타오루 츠캇떼모 이-데스까

ええ、棚の 中に あるでしょ?
에- 타나노 나카니 아루데쇼

ご飯が 冷めるから 早く 洗っておいで。
고항가 사메루카라 하야쿠 아랏떼오이데

はーい。すぐ 行きます。
하-이   스구 이키마스

홈스테이

343

신세 많이 졌습니다.

또 와요.

네, 정말 고마웠습니다.

덕분에 즐거운 시간을 보냈습니다.

한국에도 놀러 오세요.

부모님께 안부 전해 주세요.

네. 그럼, 가 보겠습니다.

조심해서 가요.

안녕히 계세요.

お世話に なりました。
せ わ
오세와니 나리마시타

また 来て くださいね。
き
마타 키떼구다사이네

はい、本当に ありがとうございました。
ほんとう
하이 혼토-니 아리가토-고자이마시타

おかげ様で、楽しい 時間を 過ごすことができました。
さま たの じかん す
오카게사마데 타노시- 지캉오 스고스 고토가 데키마시타

韓国にも 遊びに きてください。
かんこく あそ
캉코쿠니모 아소비니 키떼구다사이

ご両親にも よろしくね。
りょうしん
고료-신니모 요로시쿠네

はい、では 失礼します。
しつれい
하이 데와 시츠레-시마스

気を つけて。
き
키오 츠케떼

さようなら。
사요-나라

홈스테이

345

집에 관한 말

· 거실	居間(いま)
· 계단	階段(かいだん)
· 단독주택	一軒家(いっけんや)
· 마당	庭(にわ)
· 바닥	床(ゆか)
· 베란다	ベランダ
· 복도	ろうか
· 부엌	台所(だいどころ)
· 서재	書斎(しょさい)
· 욕실	お風呂場(ふろば)
· 차고	車庫(しゃこ)
· 침실	寝室(しんしつ)
· 툇마루	縁側(えんがわ)
· 현관	玄関(げんかん)
· 화장실	トイレ

14
연애

새로운 친구를 만나는 것은 가슴설레는 일입니다.
마음을 전하는 표현을 알아볼까요?

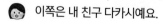 첫만남

이쪽은 내 친구 다카시예요.

그리고 이쪽은 한국에서 오신 김(하니)씨.

안녕하세요? 처음 뵙겠습니다.

네, 안녕하세요?

자, 앉으시죠.

근데, 하니 씨는 어떻게 오셨어요?

일본어 공부하러 왔어요.

얼마 동안 계실 거예요?

일단 1년 동안요.

MP3 153

こちらは 私の 友達の たかしです。
고치라와 와타시노 토모다치노 다카시데스

こちらは 韓国から いらっしゃった キムさん。
고치라와 캉코쿠카라 이랏샷따 기무상

こんにちは。初めまして。
곤니치와   하지메마시테

こんにちは。
곤니치와

どうぞ。
도-조

ハニさんは 何をしに いらっしゃったんですか?
하니상와 나니오 시니 이랏샷딴데스까

日本語を 勉強しに 来ました。
니홍고오 벵쿄-시니 키마시타

どの くらい いらっしゃる 予定ですか?
도노구라이 이랏샤루 요테-데스까

とりあえず、一年間です。
토리아에즈 이치넨칸데스

연애

349

그러세요? 일본어는 어렵지 않으세요?

어렵긴 한데요, 할 만한 것 같아요.

일본 생활은 어떠세요?

음식도 맛있고 최고예요.

친구도 생기고 매일 재미있게 지내요.

재미있다니 다행이군요.

힘든 일이 있으면 언제든지 연락 하세요.

도와 드릴게요.

네, 감사합니다

そうですか。日本語は 難しく ありませんか?

소-데스까　니홍고와 무즈카시쿠 아리마셍까

難しいですが、やりがいが あります。

무즈카시-데스가 야리가이가 아리마스

日本での 生活は どうですか?

니혼데노 세-카츠와 도-데스까

ご飯は 美味しいし、最高ですよ。

고항와 오이시-시 사이코-데스요

友達も でき、毎日が 楽しいです。

토모다치모 데키 마이니치가 타노시- 데스

それは 良かったですね。

소레와 요캇따데스네

困った 事が あったら いつでも 連絡下さい。

코맛따 고토가 앗따라 이츠데모 렌라쿠구다사이

力に なりますから。

치카라니 나리마스카라

ありがとうございます。

아리가토-고자이마스

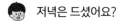 저녁은 드셨어요?

아뇨, 아직 ….

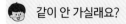 가까운 곳에 맛있는 초밥가게가 있거든요.

같이 안 가실래요?

네. 저 초밥 너무 좋아하거든요.

그러세요? 그럼 가시죠.

맛있게 드셨어요?

네, 잘 먹었습니다.

다음에는 제가 사 드릴게요.

夕食は お済みですか?
유-쇼쿠와 오스미데스까

いいえ、まだ…。
이-에 마다

近い所に おいしい お寿司屋さんが あるんですが。
치카이 도코로니 오이시- 오스시야상가 아룬데스가

ご一緒に どうですか?
고잇쇼니 도-데스까

ええ、お寿司 大好きなんですよ。
에- 오스시 다이스키난데스요

そうなんですか? では 行きましょう。
소-난데스까   데와 이키마쇼-

お口に 合われましたか?
오쿠치니 아와레마시타까

はい、ごちそうさまでした。
하이 고치소-사마데시타

次は 私が ご馳走しますね。
츠기와 와타시가 고치소-시마스네

연애

353

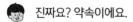
진짜요? 약속이에요.

언제든지 연락을 주세요.

전화번호를 물어봐도 될까요?

전화번호 가르쳐 주시겠어요?

090-3677-3091이에요.

제 번호는 090-2265-1478이에요.

꼭 연락할게요.

네, 조심해서 가세요.

하니 씨도 언제든지 전화해 주세요.

本当ですか? 約束ですよ。

혼토-데스까 야쿠소쿠데스요

いつでも 連絡してください。

이츠데모 렌라쿠시떼구다사이

電話番号 お聞きしても よろしいですか?

뎅와방고- 오키키시떼모 요로시-데스까

電話番号 教えて 頂けますか?

뎅와방고-오시에떼 이타다케마스까?

090 - 3677 - 3091です。

제로큐-제로 노 상로쿠나나나 노 상제로큐-이치데스

私の 番号は 090-2265-1478です。

와타시노 방고-와 제로큐-제로 노 니-니-로쿠고- 노 이치욘나나하치데스

必ず 連絡しますね。

카나라즈 렌라쿠시마스네

はい、では 気を 付けて。

하이 데와 키오 츠케테

ハニさんも いつでも 電話してくださいね。

하니상모 이츠데모 뎅와시떼구다사이네

연애

355

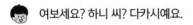

여보세요? 하니 씨? 다카시예요.

앗, 안녕하세요?

지금 통화해도 괜찮으세요?

네. 지금 집이세요?

아뇨, 아직 회사에 있어요.

하니 씨, 이번 주말 시간이 있어요?

네.

그럼, 제가 동경을 안내해 드릴게요.

가고 싶은 데 없어요?

もしもし。ハニさん? たかしです。
모시모시　　하니상 다카시데스

あっ、こんにちは。
앗 곤니치와

今 大丈夫ですか?
이마 다이죠-부데스까

はい、今 家ですか?
하이 이마 이에데스까

いいえ、まだ 会社です。
이-에 마다 카이샤데스

ハニさん、今週末 時間ありますか?
하니상 콘슈-마츠 지캉 아리마스까

はい。
하이

じゃあ、私が 東京を 案内してあげますよ。
쟈- 와타시가 토-쿄-오 안나이시떼 아게마스요

行きたい 所は ないですか?
이키타이 도코로와 나이데스까

357

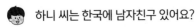

마음을 전할 때 ❶

하니 씨는 한국에 남자친구 있어요?

없는데요.

하나 물어봐도 될까요?

뭔데요?

저를 어떻게 생각하세요?

네? 아... 다카시 씨는 너무 착하구요,

같이 있으면 재미있어요.

정말요? 앞으로도 이렇게 연락을 드려도 되나요?

실은 처음 만났을 때부터 호감을 느꼈거든요.

🎧 MP3 158

ハニさんは 韓国に 彼氏 いますか?
하니상와 캉코쿠니 카레시 이마스까

いませんけど。
이마셍케도

一つだけ 聞いても いいですか?
히토츠다케 키-테모 이-데스까

何ですか?
난데스까

俺の 事 どう 思いますか?
오레노 고토 도-오모이마스까

え? あ…たかしさんは すごく 優しいし
에 아 다카시상와 스고쿠 야사시-시

一緒に いて 楽しいです。
잇쇼니 이떼 타노시-데스

本当ですか? これからも 連絡してもいいですか?
혼토-데스까 고레카라모 렌라쿠시떼모 이-데스까

実は初めて 会った 時からいいなって 思っていたんですよ。
지츠와 하지메떼 앗따 도키카라 이-낫떼 오못떼이탄데스요

연애

359

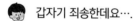

갑자기 죄송한데요….

꼭 하고 싶은 얘기가 있어요.

누구보다도 당신을 소중하게 생각합니다.

당신을 사랑합니다.

미안해요. 사랑하는 사람이 있어요.

우리 친구부터 시작하면 안 될까요?

저랑 사귀어 주세요.

제가 이러면 귀찮게 하는 건가요?

행복하게 해 드릴게요.

突然で 申し訳ありませんが…。
토츠젠데 모-시와케 아리마셍가

ぜひ お話ししたい 事が あります。
제히 오하나시 시따이 고토가 아리마스

誰よりも あなたの事を 大切に 思っています。
다레요리모 아나타노코토오 타이세츠니 오못떼이마스

あなたの 事が 好きです。
아나타노 고토가 스키데스

すみません、好きな 人が います。
스미마셍 스키나 히토가 이마스

友達からでは 駄目ですか?
토모다치카라데와 다메데스까

私と つき合って ください。
와타시토 츠키앗떼구다사이

私の 事、迷惑ですか?
와타시노 코토 메-와쿠데스까

幸せに します。
시아와세니 시마스

연애

361

연애에 관한 말

· 남자친구	彼氏(かれし)
· 말을 걸다	声(こえ)を かける
· 맞선	お見合(みあ)い
· 미팅	合(ごう)コン
· 바람을 피우다	浮気(うわき)する
· 사귀다	つき合(あ)う
· 소개	紹介(しょうかい)
· 싫어하다	嫌(きら)いだ
· 애인	恋人(こいびと)
· 양다리를 걸치다	二股(ふたまた)をかける
· 여자친구	彼女(かのじょ)
· 연애	恋愛(れんあい)
· 짝사랑	片思(かたおも)い
· 친구	友達(ともだち)
· 한눈에 반하다	一目(ひとめ)ぼれ

15
비즈니스

유창한 표현이 아니더라도 매너있는 적절한 표현 한마디로
좋은 인상을 줄 수 있어요.
경어표현과 함께 잘 익혀두어요.

😊 여보세요. 영업부의 스즈키 씨 좀 부탁드립니다.

📞 누구시죠?

😊 한국에서 온 김하니라고 합니다.

📞 잠시만 기다리세요.

📞 스즈키씨 연결해 드리겠습니다.

📞 죄송합니다만, 지금 스즈키씨는 외출중이신데요.

😊 몇 시쯤 들어오실까요?

📞 글쎄요. 정확하지가 않은데요.

📞 전하실 말씀이라도 있으세요?

もしもし、営業課の 鈴木さん お願いします。
_{えいぎょう か} _{すず き} _{ねが}

모시모시 에-교-카노 스즈키상 오네가이시마스

どちら様でしょうか?
_{さま}

도치라사마데쇼-까

韓国の キムハニと 申します。
_{かんこく} _{もう}

캉코쿠노 기무하니또 모-시마스

少々 お待ちください。
_{しょうしょう} _ま

쇼-쇼- 오마치쿠다사이

鈴木に おつなぎいたします。
_{すず き}

스즈키니 오츠나기이타시마스

申し訳ありません、鈴木は ただ今 外出中ですが。
_{もう わけ} _{すず き} _{いま がいしゅつちゅう}

모-시와케아리마셍 스즈키와 타다이마 가이슈츠츄-데스가

何時頃 お戻りに なられますか?
_{なん じ ごろ} _{もど}

난지고로 오모도리니 나라레마스까

はっきり 存じて おりませんが…。
_{ぞん}

학끼리 존지떼 오리마셍가

お言付けは ございますか?
_{こと づ}

오코토즈케와 고자이마스까?

365

🧑 아뇨, 제가 전화 다시 드리겠습니다.

🧑 그럼, 한국의 김하니가 지금 P호텔에 와 있다고

🧑 전해 주세요.

🧑 김 하니한테서 전화 왔었다고 전해 주세요.

📞 네, 스즈키씨께 그렇게 전해 드리겠습니다.

🧑 부탁드리겠습니다.

🧑 (전화를 끊을 때)안녕히 계세요.

📞 전화 잘못 거셨어요.

🧑 죄송합니다. 전화 잘못 걸었습니다.

MP3 161

いいえ、私が 後程 また お電話差し上げます。
이-에 와타시가 노치호도 마타 오뎅와 사시아게마스

では 韓国の キムハニが Pホテルに 来ていると
데와 캉코쿠노 기무하니가 피호테루니 키테이루토

お言付け 願います。
오코토즈케 네가이마스

キムハニから 電話が あったと お伝えください。
기무하니카라 뎅와가 앗따토 오츠타에 구다사이

はい、鈴木に そう お伝えいたします。
하이 스즈키니 소-오츠타에에이타시마스

よろしく お願いします。
요로시쿠 오네가이시마스

失礼いたします。
시츠레-이타시마스

番号 お間違いですよ。
방고- 오마치가이데스요

すみません、番号 間違えました。
스미마셍 방고- 마치가에마시타

비
즈
니
스

367

🙍 수고 많으십니다.

🙍 스즈키 과장님과 만나기로 약속했습니다만,

🙍 한국에서 온 김하니라고 합니다.

🙍 안녕하세요? 처음 뵙겠습니다.

🙍 김하니라고 합니다.

🙍 (선물을 건네면서) 이것 별거 아니지만,

🙍 신경 써주셔서 감사합니다.

🙍 거리낌 없이 받겠습니다.

🙍 자, 앉으세요.

お疲れ様です。
오츠카레사마데스

鈴木課長に お目にかかることに なってるんですが。
스즈키카쵸-니 오메니카카루코토니 낫떼룬데스가

韓国の キムハニと 申します。
캉코쿠노 기무하니토 모-시마스

こんにちは、初めまして。
곤니치와 하지메마시테

キムハニと 申します。
기무하니또 모-시마스

これ つまらないものですが、
고레 츠마라나이모노데스가

気を 使って 頂いて ありがとうございます。
키오 츠캇떼 이타다이떼 아리가토-고자이마스

遠慮なく いただきます。
엔료나쿠 이타다키마스

お掛けください。
오카케구다사이

😊 멀리서 오시느라 피곤하시죠?

😊 다름아니라,

😊 신제품을 보여 드릴려구요.

😊 전에 말씀드린 그 제품입니다.

😊 한국에서도 곧 출시됩니다.

😀 디자인이 아주 예쁘군요.

😀 얼마예요?

😊 일본 엔으로 하나 만엔입니다.

😀 가격이 조금 비싸군요.

遠くから わざわざ お越し頂いて お疲れでしょう?
토-쿠카라 와자와자 오코시이타다이떼 오츠카레데쇼-

他でもなく、
호카데모나쿠

新製品の ご紹介を させて頂こうかと 思いまして。
신세-힝노 고쇼-카이오 사세떼이타다코-카또 오모이마시떼

先日 申し上げました あの製品です。
센지츠 모-시아게마시타 아노 세-힝데스

韓国でも すぐ 出荷される 予定です。
캉코쿠데모 스구 슉까사레루 요테-데스

デザインが とても かわいいですね。
데자인가 토테모 카와이-데스네

いくらですか?
이쿠라데스까

日本円で 一つ 一万円です。
니홍엔데 히토츠 이치망엔데스

価格(値段)が ちょっと 高いですね。
카카쿠(네단)가 촛또 타카이데스네

상담 ❶

🧒 가격은 최대한

🧒 맞춰 드리겠습니다.

😮 소비자의 반응은 어때요?

🧒 현재 아주 호응이 좋습니다.

🧒 반응이 좋습니다.

🧒 평판이 좋습니다.

🧒 꾸준한 성장세를 보이고 있습니다.

😮 저희한테 몇 %로 공급해주실 수 있나요?

🧒 70%로 공급할 수 있습니다.

MP3 164

価格の 方は、できるだけ
카카쿠노 호-와 데키루다케

ご要望に 合わせるよう 努力する つもりです。
고요-보-니 아와세루요-도료쿠스루 츠모리데스

消費者の 反応は どうですか?
쇼-히샤노 한노-와 도-데스까

現在の 所 とても 受けが いいです。
겐자이노 토코로 토테모 우케가 이-데스

反応が いいです。
한노-가 이-데스

評判が いいです。
효-반가 이-데스

安定した 伸びを 見せて おります。
안테-시타 노비오 미세떼 오리마스

私 共には 何%で 供給して いただけますか?
와타쿠시도모니와 난파-센토데 쿄-큐-시떼 이타다케마스까

70%で 供給できます。
나나줏파-센토데 쿄-큐-데키마스

비즈니스

373

😀 생각을 좀 해 봐야 되겠는데요.

😀 좀 더 검토를 해 보고 연락을 드리겠습니다.

😀 설명 잘 들었습니다.

😀 저희들도 적극적으로 검토해 보겠습니다.

😊 바쁘신데 정말 감사합니다.

😊 한 번 더 검토해 주시지 않겠습니까?

😀 몇 가지 여쭤 봐도 되겠습니까?

😊 의문 나시는 것이 있으시면 말씀해 주십시오.

😊 뭔가 궁금하신 것이 있으시면….

もう少し 考えて見ないと いけないかな。
모-스꼬시 캉가에떼미나이토 이케나이카나

もう少し 検討してから ご連絡差し上げます。
모-스꼬시 켄토-시떼카라 고렌라쿠 사시아게마스

ご説明 ありがとうございました。
고세츠메- 아리가토-고자이마시타

私 共も 前向きに 検討させていただきます。
와타쿠시도모모 마에무키니 켄토-사세떼 이타다키마스

お忙しい ところ ありがとうございました。
오이소가시- 토코로 아이가토-고자이마시타

もう一度、ご検討 いただけないでしょうか?
모-이치도 고켄토- 이타다케나이데쇼-까

いくつか お伺いしても よろしいですか?
이쿠츠카 오우카가이시떼모 요로시-데스까

ご質問が おありでしたら どうぞ。
고시츠몬가 오아리데시타라 도-조

何か お気づきの 点が ございましたら…。
나니카 오키즈키노 텡가 고자이마시타라

여기 계약서 있습니다.

여기하고 여기 사인하시면 됩니다.

귀사와 같이 일할 수 있게 되어 영광스럽습니다.

저희도 영광입니다.

기대에 어긋나지 않도록 최선을 다하겠습니다.

여러 가지로 감사합니다.

잘 부탁드리겠습니다.

좋은 기회가 될 것입니다.

많이 좀 도와주십시오.

∩ MP3 166

こちらの 方が 契約書に なっております。
<ruby>方<rt>ほう</rt></ruby> <ruby>契約書<rt>けいやくしょ</rt></ruby>
고치라노 호-가 케-야쿠쇼니 낫떼 오리마스

ここと ここに サインを お願いいたします。
<ruby>願<rt>ねが</rt></ruby>
고꼬또 고꼬니 사인오 오네가이이따시마스

御社と ご一緒に 仕事が でき 光栄です。
<ruby>御社<rt>おんしゃ</rt></ruby> <ruby>一緒<rt>いっしょ</rt></ruby> <ruby>仕事<rt>しごと</rt></ruby> <ruby>光栄<rt>こうえい</rt></ruby>
온샤또 고잇쇼니 시고토가 데키 코-에-데스

私 共も 光栄です。
<ruby>私 共<rt>わたくしども</rt></ruby> <ruby>光栄<rt>こうえい</rt></ruby>
와타쿠시도모모 코-에-데스

ご期待に そえるよう 頑張ります。
<ruby>期待<rt>きたい</rt></ruby> <ruby>頑張<rt>がんば</rt></ruby>
고키타이니 소에루요- 감바리마스

いろいろと ありがとうございました。
이로이로토 아리가토-고자이마시타

よろしく お願いします。
<ruby>願<rt>ねが</rt></ruby>
요로시쿠 오네가이시마스

いい 機会に なると 思います。
<ruby>機会<rt>きかい</rt></ruby> <ruby>思<rt>おも</rt></ruby>
이- 키카이니 나루또 오모이마스

たくさんの お力ぞえを お願いいたします。
<ruby>力<rt>ちから</rt></ruby> <ruby>願<rt>ねが</rt></ruby>
닥상노 오치카라조에오 오네가이이따시마스

비즈니스

377

그밖에

인사차 들렀습니다.

말씀 중에 죄송합니다만…, 괜찮습니까?

한 번 더 설명해 드릴까요?

갑자기 화제가 바뀝니다만…

오늘 식사라도 같이 하시죠?

일부러 감사합니다.

자세한 내용은 에이전시를 통해

연락 드리겠습니다.

나중에 또 연락드리겠습니다.

🎧 MP3 167

あいさつに お伺いいたしました。
아이사츠니 오우카가이이타시마시타

お話し中 すみませんが…、よろしいですか?
오하나시츄- 스미마셍가… 요로시-데스까

もう一度 ご説明いたしましょうか?
모-이치도 고세츠메-이타시마쇼-까?

突然 話が かわりますが…
토츠젠 하나시가 카와리마스가…

今日 お食事でも ご一緒に いかがですか?
쿄- 오쇼쿠지데모 고잇쇼니 이카가데스까?

わざわざ ありがとうございます。
와자와자 아리가토-고자이마스

詳しい 事は エージェンシーを 通して
쿠와시- 고토와 에-젠시-오 토오시떼

ご連絡 差し上げます。
고렌라쿠 사시아게마스

後程 また ご連絡いたします。
노치호도 마따 고렌라쿠이타시마스

비즈니스

379

생생 **상황일본어회화** 포켓북

개정판2쇄	2024년 8월 20일

발행인	이기선
발행처	제이플러스
주소	경기도 고양시 덕양구 향동로 217 KA1312
전화	02-332-8320 / 팩스 02-332-8321
홈페이지	www.jplus114.com
등록번호	제 10-1680호
등록일자	1998년 12월 9일
ISBN	979-11-5601-249-8

ⓒ jplus 2003, 2024

값 11,000원